Ilona Scheidle

Heidelbergerinnen, die Geschichte schrieben

Ilona Scheidle

Heidelbergerinnen, die Geschichte schrieben

Frauenporträts aus fünf Jahrhunderten

DIEDERICHS

Bibliografische Information der Deutschen Bibliothek

Die Deutsche Bibliothek verzeichnet diese Publikation
in der Deutschen Nationalbibliografie; detaillierte bibliografische Daten
sind im Internet unter http://dnb.ddb.de abrufbar.

Textredaktion: Andrea Fausel
Umschlaggestaltung: Eisele Grafikdesign unter Verwendung von
Motiven von Stadtarchiv Heidelberg (Anna Blum), Kurpfälzisches Museum Heidelberg (Liselotte von der Pfalz), Alexander Müller, Heidelberg (Hilde Domin), Amt für Öffentlichkeitsarbeit Heidelberg (Beate Weber), Reichspräsident Friedrich Ebert Gedenkstätte Heidelberg (Louise Ebert)
Satz: EDV-Fotosatz Huber / Verlagsservice G. Pfeifer, Germering
Druck und Bindung: GGP Media GmbH, Pößneck
Printed in Germany 2006

ISBN-10: 3-7205-2850-2
ISBN-13: 978-3-7205-2850-4

Inhalt

Einführung 7

Eine »zweite Sappho« in Heidelberg 11
Die Gelehrte Olympia Fulvia Morata (1526–1555)

»Schreiben ist meine größte Occupation« 21
Elisabeth Charlotte von der Pfalz, Herzogin von Orléans (1652–1722)

»Handelsjungfer« im politischen Ränkespiel 27
Dorothea Delph (ca. 1728–1808)

»Ein weiblicher Sokrates« 39
Die Pädagogin Caroline Rudolphi (ca. 1750–1811)

»Einziger Mann Badens« in der Auseinandersetzung mit Napoleon 51
Markgräfin Amalie von Baden (1754–1832)

»Ins Leben hineingeplumpst« 63
Die Briefeschreiberin Henriette Feuerbach (1812–1892)

»Tu Gutes und wirf es ins Meer« 75
Die erste Ehrenbürgerin Anna Blum (1843–1917)

Vom Odenwald in die USA 85
Die Schriftstellerin Augusta Bender (1846–1924)

»Das Männerrecht vermenschlichen« 91
Camilla Jellinek (1860–1940)

»Wer zur Selbstverantwortlichkeit befähigt ist, ist auch dazu berufen« 101
Die Frauenrechtlerin Marianne Weber (1870–1954)

»Mit ihrer natürlichen Anmut gewann sie alle« 113
Die erste deutsche First Lady Louise Ebert (1873–1955)

Mit ganzer Kraft für den Aufbau einer menschlicheren Gesellschaft 121
Die Wissenschaftlerin und Politikerin Marie Baum (1874–1964)

»Beruf als Berufung« 131
Die Schulgründerin Maria Gräfin von Graimberg (1879–1965)

»Als ob die Welt mit uns neu beginnen sollte«. 143
Die erste Medizinstudentin Rahel Straus (1880–1963)

»Besser sich g'sund schimpfe als krank heule« 151
Die Handschuhsheimerin Emilie Meier (1902–1981)

»Nie aufgehört Heidelberg zu lieben« 159
Die Dichterin Hilde Domin (1909–2006)

»Ich liebe den weiten Blick, von dem auch Neues herkommen kann«. 173
*Die erste Oberbürgermeisterin in Baden-Württemberg: Beate Weber (*1943)*

Literatur 181
Dank 187
Über die Autorin 188
Bildnachweis 189

Einführung

Von wegen »demüthigst«: Frauen schrieben sich selbstbewusst in die Heidelberger Stadtgeschichte ein. Dabei handelten sie sowohl innerhalb gesellschaftlicher Konventionen als auch offen gegen die Vorstellungen ihrer Zeit. So durchbrachen sie variationsreich von kämpferisch bis subversiv den festgelegten Rahmen, um eine menschlichere Gesellschaft aufzubauen.

»Heidelbergerinnen, die Geschichte schrieben« sind so zahlreich, dass die vorliegende Auswahl erläutert sein will. In chronologischer Reihenfolge gelesen, erzählen die Porträts fünfhundert Jahre Stadtgeschichte. Sie vergegenwärtigen in personalisierter Perspektive die jeweilige Epoche und geben Einblick in deren Vorstellungen von Weiblichkeit und Männlichkeit. Zwei wesentliche Seiten Heidelbergs werden durch diesen »Geschichtsreigen« präsentiert: Es ist das Profil als Stadt der Wissenschaft und als Stadt der Literatur. Alle Porträtierten haben zudem politische Bedeutung: Sie gaben sich das Recht einer eigenen Stimme.

Die Porträts sind keine abgeschlossenen Biografien. Sie changieren zwischen fotografischem Abbild und interpretierendem Sinnbild. Und sie reflektieren die Möglichkeiten und Begrenzungen, unter denen Frauen jeweils lebten. Gebürtige Heidelbergerinnen waren wenige, wer also zählt als »Heidelbergerin«? Die Frauen haben wesentliche Phasen ihres Lebensweges in der Residenz- und Universitätsstadt verbracht, Heidelberg durch ihr Wirken geprägt und sind Teil der Stadtgeschichtsschreibung, wie etwa die populäre Elisabeth Charlotte von der Pfalz. Sie verbrachte den größten Teil ihre Lebens als Herzogin von Orléans am Hof von Versailles und blieb doch stets mit ihrer Heimatstadt verbunden. Auf einzigartige Weise schrieb sie sich mit wohl mehr als 60 000 Briefen in das kollektive Gedächtnis ein; ihre kurpfälzische Muttersprache diente ihr dabei auch als geistige Heimat. Auf dem traditionellen politischen Parkett bewegten sich ferner die »Handelsjungfer« Dorothea Delph, Markgräfin Amalie von Baden und Louise Ebert. Sie sind selbstverständlicher Teil der Universalgeschichte. Die erfolgreiche Geschäftsfrau Dorothea Delph wurde bislang als Goethefreundin erinnert. Wahrscheinlich agierte sie für den deutschen Fürstenbund als geheime Agentin. Amalie von Baden hingegen konnte offen für ihre Interessen eintreten. Sie bot Napoleon die Stirn und versuchte, die Heirat ihres Sohnes mit Napoleons Adoptivtochter Stephanie zu verhindern. Das Rohrbacher Schlösschen diente ihr als Rückzugsort, auch vor ihrer unstandesgemäßen Schwiegertochter. Eine Spitzenposition in der ersten deutschen Demokratie bekleidete Louise Ebert. Die Frau des ersten demokratisch gewählten Reichspräsidenten Friedrich Ebert und ehemalige Fabrikarbeiterin trat in der Weimarer Republik quasi die Nachfolge der deutschen Kaiserin an.

Am Beginn der Reise durch die Stadtgeschichte steht die Italienerin Olympia Fulvia Morata. Die Humanistin kam 1554 auf Einladung des Kurfürsten nach Heidelberg, um an der Universität Griechisch zu lehren. Sie war eine Ausnahmefrau und lebte als Pionierin oft in einer paradoxen Situation. So erging es auch der Ärztin Dr. med. Rahel Straus. Die erste Medizinstudentin Heidelbergs hatte, um ihren Universitätsabschluss zu erhalten, weit mehr Barrikaden zu überwinden, als die sprachlich ausschließenden Formulare. Und dieses ‚Überwinden müssen von Barrikaden' trifft auf alle Portraitierten zu.

Zur Studentinnengeneration der 1930er Jahre zählt die im Februar 2006 verstorbene Dichterin Hilde Domin. Die ins Exil emigrierte deutsche Jüdin kehrte in die Stadt am Neckar, den Ort ihrer Liebe, zurück und blieb. Als Botschafterin der Literatur war sie im öffentlichen Leben präsent und wurde als Ehrenbürgerin ausgezeichnet.

Teil der legendären universitären Welt des frühen 20. Jahrhunderts waren auch die Akteurinnen der bürgerlichen Frauenbewegung Marianne Weber, Camilla Jellinek und Marie Baum. Mit feministischem Bewusstsein engagierten sie sich für eine gerechtere Gesellschaft. Und obwohl die Freundinnen in Deutschland nie hatten studieren dürfen, wurden ihre wegweisenden Leistungen für Frauenrechte in Wissenschaft und Politik von der Universität mit dem Ehrendoktor und der Ehrenbürgerschaft ausgezeichnet. Förderlich für das liberale geistige Klima war die akademische Geselligkeit, welche die Millionenerbin Marianne Weber mit ihrem Mann, dem Soziologen Max Weber, in ihrem Haus etabliert hatte. Darüber hinaus zählt sie mit Marie Baum zu den ersten weiblichen Parlamentsabgeordneten in Deutschland.

Soziales und pädagogisches Engagement zeichneten die ersten beiden Ehrenbürgerinnen Anna Blum und Maria Gräfin von Graimberg sowie die Schulgründerin Caroline Rudolphi aus. Anna Blum vermachte der Stadt ihr Vermögen und ihren Traum eines Erholungs- und Altersheimes; zu Lebzeiten sorgte sie für die Erweiterung des städtischen Freibades am Neckar um das Frauenbad. Maria von Graimberg gründete 1911 aus eigenen Mitteln die Katholische Soziale Frauenschule. Die Institution ermöglichte die berufliche Ausbildung zur Sozialarbeiterin und ist heute ein Teil der Freiburger Fachhochschule für Sozialwesen. Die frauenliebende Dichterin Caroline Rudolphi gründete das erste Mädchenpensionat der Stadt. 1806 stand die Pädagogin im Mittelpunkt des sogenannten Heidelberger Romantikerstreits.

Die Literatur war auch der zentrale Wirkungsbereich von Henriette Feuerbach und Augusta Bender. Feuerbach lud die Heidelberger Gesellschaft in ihren musikalischen Salon ein und schuf sich so eine Gegenwelt zu ihrer täglichen Erwerbsarbeit als Publizistin. Indem sie die Nachlässe »ihrer Männer« – ihres Mannes und ihres Stiefsohnes – herausgab, erschrieb sie sich einen Namen in der Kunst- und Kulturgeschichte. Augusta Bender, die aus einer Odenwälder Bauernfamilie stammte, investierte ihr gesamtes Vermögen in die Bildung. Emanzipation war für sie Bildungs- und Brotfrage, mit der sie – wie viele der Porträtierten – stets konfrontiert war. Um Geld zu verdienen, ging sie nach Amerika. Das Schreiben war für sie existenziell, was durch zahlreiche Erzählungen, Artikel und Selbstzeugnisse deutlich wird. Dokumente dieser Art sucht man bei Emilie Meier vergebens. Die Handschuhsheimerin erzählte besonders von jenen Jahren, an die sich angeblich keiner mehr erinnern konnte: Sie verschwieg die NS-Zeit nicht. Traditionell zählt sie zu jenen, die keine geschriebene

Geschichte hinterließen. Der Einblick in ihr Leben ist erst durch das neue Geschichtsbewusstsein der sozialen Bewegungen möglich geworden.

Am Ende der Reise durch die Jahrhunderte und an der Schnittstelle von Geschichte und Zukunft steht Beate Weber. 1990 schrieb sie mit ihrem Wahlsieg Geschichte und übernahm als erste Frau in Baden-Württemberg das Amt einer Oberbürgermeisterin. Sie berichtet, wie Frauen aktuell Geschichte schreiben können und richtet den Blick nach vorn.

Dieser vielgestaltige und polyphone Reigen von Heidelbergerinnen, die Geschichte schrieben, ist eine Auswahl. Viele weitere Frauen haben sich in die Stadtgeschichte eingeschrieben und Heidelberg mitgestaltet. Es bedarf jedenfalls keiner Jetta vom Jettenbühl, der legendären keltischen Seherin und Geschichtenerzählerin vom Schlossberg, die Amalie von Helwig 1814 in ihrer Wolfsbrunnensage ins Geschehen brachte. Unzählige Fakten zeugen von Frauen, die in Heidelberg – von wegen »demüthigst« – Geschichte schrieben.

Zu diesem Reigen durch die Stadtgeschichte sind Sie nun herzlichst eingeladen.

Ilona Scheidle
Mannheim, im August 2006

Eine »zweite Sappho« in Heidelberg

Die Gelehrte Olympia Fulvia Morata (1526–1555)

Olympia Fulvia Morata wurde bereits als Mädchen als Wunder ihrer Zeit bezeichnet. Ihre Kenntnisse in der klassischen Literatur und den klassischen Sprachen waren außerordentlich und selbst im humanistischen Italien war sie für ihre hohe Bildung berühmt. Als Dichterin erhielt sie den Ehrennamen »zweite Sappho«, da man ihre Dichtkunst mit dem Werk der großen griechischen Lyrikerin gleichsetzte. Olympia vereinte zwei seltene Ehrentitel gleichermaßen: Sie war eine gelehrte Dichterin, eine *poeta docta*, und eine gelehrte gläubige Frau, eine *femina docta pia*.

Aus Glaubensgründen kam die Anhängerin der Reformation in die Kurpfalz. Die Frau, die ihr Basler Humanistenfreund Celio Curione als »einzigartigen Glanz und Schmuck der Frauen« beschrieb, war von Pfalzgraf Friedrich II. sogar als Universitätslehrerin für Griechisch vorgesehen. Sie starb jedoch 1555 im Alter von nur 28 Jahren. Ein Gedenkstein mit einer Inschrift in lateinischer Sprache erinnert in der Universitätskapelle der Heidelberger Peterskirche an die berühmte Gelehrte.

Ein gelehrtes Mädchen – puella docta

Olympia Fulvia Morata wurde 1526 in Ferrara geboren. Sie war die erste Tochter der Lucretia Morata und des Fulvius Peregrinus Moratus. Die Eltern gehörten der reformatorischen Bewegung in Oberitalien an. Die gelehrte literarische Karriere der Tochter wurde durch ein intellektuelles und adeliges Umfeld gefördert. Ihr Vater, der Professor für Rhetorik und Poetik war, erkannte die geniale Naturbegabung seiner Tochter. In schriftlichen Anweisungen schulte er ihr rhetorisches Talent und bildete sie zur *puella docta*, zum gelehrten Mädchen, aus. In Humanistenkreisen

Olympia Fulvia Morata verehlichte Grundlerin eine Gott=seelige und gelehrte Frau.

gehörte es zum Bildungsprogramm wie auch zum Selbstverständnis der gelehrten Väter, auch ihre Kinder zu unterweisen und zu präsentieren. Selbst in Italien, sozusagen dem Stammland humanistischer Wunderkinder, sorgte Olympia für Aufsehen.

Mit vierzehn Jahren wurde sie die Studiengefährtin der Prinzessin Anna d'Este am Hof von Ferrara. So hatte die Gelehrtentochter ab 1540 Zugang zum glanzvollen Zentrum Ferraras, der Stadt der Wissenschaften, des Reichtums und des Ruhmes.

Etwa mit Fünfzehn hielt die junge Frau mit dem programmatischen Namen ihre erste Vorlesung. Sie, die nach dem Sitz der griechischen Götter benannt war, las in lateinischer Sprache am Hof über Cicero und orientierte sich an Sprache und Stil des Vorbildes. Die Vorlesung war brillant. Erstmals kam Olympias großes Talent zum Vorschein, das darin bestand, antike Quellen aufzugreifen, die Quellen in literarische Eindrücke zu verwandeln und dabei die eigenen Gedanken auf höchstem stilistischem Niveau in lateinischer Sprache zu formulieren. Olympia wurde in die exklusiven Gelehrtenkreise aufgenommen und erschien in einem Katalog berühmter Gegenwartsautoren.

Weiblich und hochbegabt

Die hochbegabte Olympia erkannte bereits gegen 1541 ihre elitäre und singuläre Position als Frau und als Literatin. Sie thematisierte diese Situation in einem Gedicht, das sie sowohl in Griechisch als auch in Latein schrieb. Es war ihr radikales Bekenntnis zur Literatur als Lebensbestimmung. Sie bekannte sich zu einem Lebensweg, der ihren Geschlechtsgenossinnen nicht offen stand. Gleichzeitig beschrieb die Fünfzehnjährige den Preis ihrer Wahl, das Verlassen der weiblich bestimmten Sphären und Rollen, die Morata ablehnte:

> Nie hat das gleiche Vergnügen alle bewegt und geleitet,
> nicht wird der gleiche Sinn von Jupiter allen verliehn [...]
> Als Frau ward ich geboren, doch verließ ich die Sache der Frauen,
> Spinnrad und Webkunst und Nadel und Wollkorb.

Mir gefielen die Blumenwiesen der Musen,
der doppelgipfelige Parnaß und die freudespendenden Chöre.
Möge andere Damen hinreißen ihr eigenes Vergnügen:
Mein Ruhm ist dies, und meine Freude.

In diesem Gedicht spielte sie mit der Metapher weiblicher Lebensbestimmung: Mit dem Sprachbild von Spinnrad, Zwirn und Spule bezog sie sich auf den Grundlagentext der humanistischen Geschlechterdebatte, Erasmus von Rotterdams Meisterwerk *Abbatis et Eruditae* von 1524. Während Erasmus im lateinischen Dialog seine Heldin dem kirchentreuen reaktionären Abt mit sophistischem Geschick kenntnisreich belegen lässt, dass die Welt der Bücher auch eine Welt der Frauen sei, trat Olympia anders auf. Die junge Frau forderte oder bewies nichts für ihr Geschlecht. Nein, sie benannte ihren Weg zum Parnass und nahm ihn ein.

Die frühe Abgrenzung von einem Lebensweg, der Frauen vorbehalten war, hatten ihre Lehrer gefördert. Celio Calcagnini, ein Theoretiker der Hofdamenausbildung, prognostizierte ihr eine einzigartige Karriere, wenn sie ihre Studien beharrlich fortsetzen und die Nähnadel nicht in die Hand nehmen würde. Wenn sie sich von anderen Frauen distanziere, könne sie zur neuen »Aspasia« oder »Diotima« avancieren. Ihr Lehrer stellte sie somit in die Reihe der großen gelehrten Frauen der Antike. Es ist daher nicht verwunderlich, dass Olympia später die Frage nach Kindern verneinte. Eine leibliche Mutterschaft schloss sie für sich aus und verwies statt dessen auf ihre zahlreichen geistigen Kinder – ihre gedruckten Werke.

Für die Ausnahmefrau war ihre Einzigartigkeit durchaus ein Problem. Noch fünf Jahre vor ihrem Ableben galt Olympia als Fiktion. Manche vermuteten, Olympia sei das Pseudonym eines gelehrten Mannes. Ihr Mentor Curione legte persönliche Referenzen vor, die nicht nur ihre Existenz bestätigten, sondern vor allem ihre Genialität.

Olympias Zeit am Hof in Ferrara endete 1548 abrupt. Ein ganzes Bündel von Faktoren bewirkte ihren Weggang, den die Gefeierte als Vertreibung aus »den luftigen Höhen des Parnass« erlebte.

Herzogin Renata d'Este, die mit den reformatorischen Kreisen sympathisierte, entzog der calvinistischen Bewegung ihre Protektion. Die Herzogin hatte im ersten Drittel des 16. Jahrhunderts ein liberales Religionsklima in Ferrara ermöglicht. Als sie jedoch als Häretikerin angeklagt und von der Inquisition überprüft wurde, war sie genötigt, offiziell wieder die katholische Messe zu besuchen. Sie zog sich aus den reformatorischen Zirkeln zurück, personelle Veränderungen im Hofstaat folgten. Prinzessin Anna heiratete, verließ Ferrara und ihre Studiengefährtin Olympia.

Das Jahr 1548 brachte einen weiteren Verlust – Olympias Vater verstarb. Sie versuchte, ihren Schmerz intellektuell zu verarbeiten und reflektierte über den sprachlichen Ausdruck von Tod und Sterben in den klassischen Sprachen.

Als Zurückgewiesene kehrte die Dichterin zur Mutter zurück und unterstützte diese im Hauswesen, bis sie einen eigenen Hausstand gründete. Um 1549/50 heiratete Olympia Fulvia Morata den promovierten deutschen Mediziner Andreas Grundler, den sie wahrscheinlich am Hof im exklusiven Humanistenzirkel kennen gelernt hatte.

Sie war nun »Olympia Fulvia Grunthlera«. Über ihre Ehe schrieb sie ihrem Mentor Curione: »ich hätte in keine bessere Lage versetzt werden können als in die, in die mich, elend und beraubt, wie ich war, Gott versetzt hat. Er [Andreas Grundler] ist gelehrt, von nicht unansehnlicher Herkunft«.

Olympia sah die Ehe nicht als ökonomische Versorgungsgemeinschaft mit getrennten Arbeitssphären der Geschlechter an. Sie folgte vielmehr dem Postulat einer partnerschaftlichen Ehe zweier Gelehrter, die einander in Liebe und Treue verbunden waren. In diesem Modell einer gelehrten Partnerschaft, die in Deutschland die Augsburger Patrizier Peutinger vorlebten, wurde die Bibliothek als gemeinsamer ehelicher Raum entdeckt.

Als ihr Mann im ersten Ehejahr nach Deutschland reiste, um dort die Lage zu prüfen, befürchtete sie ihre Gleichrangigkeit zu verlieren. Am 22. November forderte sie ihre Mitsprache bei anstehenden Entscheidungen ein: »Denn falls es irgendeine Schwierigkeit gibt – was Gott verhüte! – so wünsche ich dringend, ihr gemeinsam mit Dir entgegenzutreten; solltest Du es anders machen, werde ich mich von Dir höchst ungerecht behandelt fühlen.«

Andreas Grundler äußerte sich rückblickend, als seine geliebte Frau verstorben war. Am 22. November 1555 berichtete er an Curione von »seiner schmerzlichen Trauer über den frühen Tod seiner geliebten Minerva.« Seine fünf Ehejahre beschrieb auch er als eine auf Bildung und gläubiger Ethik basierenden Gelehrtengemeinschaft: »Was soll ich ferner sagen von der Einzigartigkeit sowohl ihrer Frömmigkeit als auch ihrer Bildung?«

Wanderjahre, Krieg und Vertreibung

Der Beginn dieser einzigartigen Gemeinschaft war von den Herausforderungen geprägt, die durch Migration entstehen. Das Ehepaar trat mit Olympias kleinem Bruder Emilio den mühsamen Weg nach Deutschland an, zog mit Karren über die Alpen und begann ein unstetes Wanderleben. Sie suchten einen Ort, an dem sie sowohl ihren Glauben als auch ihre beiderseitige Gelehrsamkeit ungehindert leben konnten. Wie viele ihrer Kollegen verließen auch die Grundlers das Ferrara der Gegenreformation. Ob der Umzug von Italien nach Deutschland als Flucht zu werten ist, scheint umstritten. In ihren Briefen aus Augsburg, Kaufbeuren, Würzburg, Schweinfurt und Heidelberg betonte die Grundlerin ihre Erleichterung darüber, keine Repressalien mehr auf Grund ihres Glaubens erleiden zu müssen.

Mit außerordentlicher Disziplin nutzte Olympia während ihres Wanderlebens jede Gelegenheit, um sich religiösen Studien zuzuwenden. Sie lebte mit und durch die Welt der Bücher und der klassischen Sprachen, die ihr eine intellektuelle Freiheit gaben. Die vorhandenen Bücher ließen sie die Migration ertragen. So schrieb sie an ihre langjährige Freundin, die Hofdame Lavinia della Rovere Orsini aus Kaufbeuren: »Ich verfüge nämlich jetzt über die schönste Freizeit, so dass ich mich möglichst oft wieder religiösen Studien zuwende. Das solltest Du meiner Meinung nach ebenfalls tun; ich gewinne von Tag zu Tag größere Befriedigung [ohne diese] vermöchte ich die Sehnsucht nach den Meinen nicht zu ertragen, besonders nach Dir, die Du mir stets im Herzen liegst.«

Als Andreas Grundler die vakante Stelle des Stadtarztes in seiner Geburtsstadt Schweinfurt angeboten bekam, beendeten sie ihre Wanderschaft und ließen sich 1550 in Schweinfurt nieder. Ihr Hauswesen umfasste eine kostbare Apotheke und eine umfangreiche Bibliothek klassischer Schriften.

Für die Morata begann eine produktive Zeit. Sie betrieb theologische Studien; sie unterrichtete ihren Bruder Emilio in Latein und Griechisch und sie übertrug die Psalmen in griechische Verse. Ihre Übersetzungen waren allerdings keine einfache Transkription in eine andere Sprache. Morata beachtete den Gehalt der altjüdischen Lieder in ihren poetischen Strukturen und transferierte sie in die Mythologie der frühgriechischen Welt. In literarischen Dialogen formulierte sie ihre religiösen Gedanken. Aufmerksam kommentierte sie den Fortgang der Reformation, gab ihren theologischen Überlegungen vom Zusammenwirken göttlicher Prüfung und individueller Auserwähltheit eine literarische Form. Ihre Briefe jener Jahre berichteten vom Gefühl einer Unmittelbarkeit zu Gott. Sie war glücklich, wurde jedoch einer jähen Probe unterworfen.

Am 22. April 1553 begann das sogenannte Schweinfurter Stadtverderben. Es war der Höhepunkt langjähriger Kriege zwischen Hohenzollernfürst Alkibiades von Brandenburg-Kulmbach, der Reichsstadt Nürnberg und der Bischofsstadt Würzburg. Der 12. Juni 1554 führte zum vernichtenden Schlusspunkt – der völligen Zerstörung Schweinfurts. Die Grundlers waren im Zentrum des Geschehens, als der Kriegsbefehl »Feuer her, stich todt!« erklang.

Die Familie überlebte das Inferno. In mehreren Briefen behandelte Morata die traumatischen Erlebnisse ihrer Flucht aus Schweinfurt, ihrer Vertreibung aus Hammelburg und Würzburg sowie ihre rettende Aufnahme in Lohr, Erbach und Heidelberg. Bei Curione meldete sie sich am 25. Juli 1554 aus Heidelberg. Sie sei noch am Leben, doch der Krieg habe sie 14 Monate dermaßen heimgesucht, dass kein Unglück ausgespart geblieben sei. Am 8. August teilte sie ihrer Vertrauten Orsini mit: »Ihr wisst, meine teuere Madonna Cherubina, dass man in der Heiligen Schrift unter dem Feuer die großen Bedrängnisse versteht. [...] So ist es uns widerfahren, dass wir wahrhaftig durch das Feuer hindurchgegangen sind, nicht in irgendeinem übertragenen Sinne, sondern wir haben uns inmitten des Feuers befunden. [...] ausgeraubt und von allem entblößt.« – Das Kreuz sei zu tragen: »Der Herr verleihe uns allen Glauben und Standhaftigkeit, damit wir die Welt besiegen.«

Erste Professorin in Heidelberg?

Die Grafen zu Erbach gewährten der Familie Grundler im Odenwald Asyl, dort konnten sie zur Ruhe kommen. Gräfin Elisabeth vermittelte den Ruf der Grundlers nach Heidelberg, denn sie war die Schwester des Kurfürsten Friedrich II. Entkräftet und mittellos kamen sie im Sommer 1554 in Heidelberg an.

Der Biograf des Kurfürsten hielt für das Berufungsjahr in seinen Annalen fest: »Beide wurden sie von unserem Fürsten hierher aufgenommen zur Zierde für seine Universität, er [Grundler] um sich der Medizin zu widmen, sie [Olympia], damit sie den Umgang mit griechischen Texten lehre.«

War Olympia Fulvia Morata nun die erste Professorin der Universität Heidelberg?

Historisch gesichert ist, dass Andreas Grundler am 12. Juli 1554 den dritten medizinischen Lehrstuhl an der Universität übernahm und dass Kurfürst Friedrich II. Olympia als weibliche Lehrkraft berufen hatte. Nach dem Wunsch des Landes- und Universitätsherrn sollte Morata Griechischunterricht erteilen. Sie kam dem Lehrauftrag nach: Einer ihrer Schüler, Hieronymus Angenosius, schrieb ihr 1555, dass er Fortschritte im Griechischsprechen verzeichnete und dass er sich nun leichter und besser mit ihr unterhalten könnte.

Ob sie ihre altsprachlichen Lehrstunden als offizielles Mitglied der Alma Mater führte, lässt sich nicht belegen. Die internationale Gelehrtenwelt verbuchte die Ankunft Moratas jedenfalls als Gewinn für die wittelsbachische Universität. Dies lässt sich aus dem Gedenkblatt ableiten, das der Basler Theologe Johannes Heroldt

1556 veröffentlichte. Er würdigte die Gelehrte, »die einst von Gestalt ein Weib, an Geist aber größer als ein Mann [war], mit einem Herzen [versehen], das allein Christus fassen wollte«, Das Blatt zeigte allegorische Figuren, die Gestalten der Italia und Germania personifizierten die beiden Lebensstationen Olympias. Spruchbänder erklärten die Szene: Italia reklamierte, in höfischer Tracht gekleidet, dass sie beraubt sei; Germania, dass sie sich geschmückt erhebe. Gerade deren Darstellung verwies auf das universitäre Milieu Heidelbergs: Germanias Stola war zentral mit dem pfälzischen Löwen versehen und ihr an einem Gelehrtenmantel orientiertes Gewandt mit wittelsbachischen Rauten gemustert. An der Seite führte sie das Kurinsignium des Pfalzgrafen bei Rhein und ihr Haupt war mit einem Lorbeerkranz bekrönt.

In Heidelberg angekommen, erleichterte das proreformatorische oder unparteiische Klima der Kurpfalz den Alltag der Grundlers. Sie konnten ohne Probleme in die Kirche gehen. Olympia agitierte für ihren Glauben, sie fragte den Italiener Pietro Vergerio, ob er Martin Luthers *Großer Katechismus* ins Italienische übersetze, damit das Volk dort aufgeklärt werde. Literarisch arbeitete die Italienerin nicht in der Sprache des Volkes, sondern ausschließlich in Latein und Griechisch. Ihr Engagement, Deutsch zu erlernen, war eher mäßig.

Zunächst hatte das Einrichten ihres Haushaltes Priorität. Quasi aus dem Nichts heraus mussten sie in der Residenzstadt Möbel und Gerätschaften aller Art besorgen. Problematisch war vor allem, ihre seltenen Bücher wiederzubeschaffen.

Für das Alltägliche suchten sie eine Magd. Im Kreise ihrer Brieffreunde erkundigte sich das gelehrte Paar nach einem Mädchen von zehn oder zwölf Jahren für leichte Arbeit im Haus. Der Suche war jedoch kein Erfolg beschieden.

Ab Sommer 1555 berichtete Morata von Krankheitszeichen, die sich bis Oktober verschlimmerten. Geschwächt und entkräftet diktierte sie Teile ihrer Gedichte und Korrespondenz noch vom Kranken- und vom Sterbebett aus. Sie nahm Abschied von ihren Freunden. Mit erstaunlicher Klarheit berichtete sie in ihrem letzen Brief an Curione über ihren körperlichen Verfall und beauftragte ihn mit der Herausgabe ihres Werkes, sie bestimmte ihn zum Nachlassverwalter: »Sei nicht traurig, denn ich wünsche, aufgelöst zu werden und bei Christus zu sein [...] Heidelberg scheint wie verlassen, Flucht und Tod vieler Menschen sind der Grund [...] Die Gedichte, die ich nach dem Untergang Schweinfurts ins Gedächtnis zurückrufen konnte, lege ich bei [...] Ich bitte Dich sei mein Aristarch [...] Nochmals Lebewohl.« Mit frommer Todessehnsucht und Gottergebenheit starb sie mit 28 Jahren an den Folgen einer Tuberkulose. Ihr Mann und ihr Bruder verstarben noch im gleichen Jahr an der Pest.

Bereits drei Jahre nach ihrem Ableben erschien die erste Ausgabe ihrer gesammelten Werke. Ihr Nachlassverwalter hatte neben dem Oeuvre der zweiten Sappho auch Briefe des Freundeskreises und Teile der Nachrufe gesammelt, die ihm die Kollegen zur Verfügung gestellt hatten.

Heute trägt das Heidelberger Predigtseminar der badischen evangelischen Landeskirche ihren Namen. An ihrem Epitaph in der Peterskirche hängt ein Lorbeerkranz und erinnert an die »gelehrteste aller Frauen«. Es ist eine angemessene Würdigung einer Ausnahmefrau.

»Schreiben ist meine größte Occupation«

Elisabeth Charlotte von der Pfalz, Herzogin von Orléans

(1652–1722)

Elisabeth Charlotte von der Pfalz ist eine der bekanntesten Persönlichkeiten Heidelbergs. Ihr Lebensweg ist untrennbar mit der Stadt am Fluss verwoben. Sie blieb ihrer pfälzischen Heimat zutiefst verbunden und ließ die Pfalz in ihren Briefen geradezu zum Inbegriff für eine andere Welt werden.

Volkstümlich wurde sie als Liselotte von der Pfalz in das Gedächtnis der Stadt eingeschrieben. Ihre Briefe, die sie in den fünfzig Jahren am französischen Hof schrieb, dienten als Steinbruch für Klatsch über die Höflinge und die Politik ihres Schwagers, des französischen Königs Ludwig XIV. Die scharfsinnige Beobachterin war mit derben Ausdrücken in ihrer kurpfälzischen Muttersprache schonungslose Kritikerin des französischen Absolutismus. Zugleich diente ihr Name der französischen Machtpolitik, die auf eine Osterweiterung zielte und Ansprüche auf vertraglich abgetretene Erbgebiete der pfälzischen Prinzessin erhob. Frankreich provozierte den Pfälzisch-Orléanischen Erbfolgekrieg. Es war ein Stellvertreterkrieg im Duell der Kontinentalmächte Österreich und Frankreich. Am Ende gewann die Inselmacht England das europäische Ränkespiel, die Pfalz hingegen war durch den französischen Vernichtungskrieg zerstört worden und das Heidelberger Schloss 1689 und 1693 gesprengt.

»Bärenkatzenaffengesicht«

Elisabeth Charlotte war bei ihrer Geburt am 27. Mai 1652 im Heidelberger Schloss ein schmächtiges Kind. Per Nottaufe erhielt die erste Tochter des pfälzischen Kurfürsten Karl Ludwig den Namen der Mutter ihres Vaters: Es war eine programmatische Wahl, die

Prinzessin nach der reformierten Großmutter Elisabeth Stuart zu benennen.

Auch ihre Mutter Charlotte von Hessen-Kassel war namensgebend für sie. Ihre Mutter war eine begnadete Reiterin, die sich im Rahmen der höfischen Gesellschaft perfekt bewegte und die ihr zustehenden Privilegien einforderte. Ehekonflikte waren vorprogrammiert, denn die pfälzischen Staatskassen waren nach dem Religionskrieg leer. Der Kurfürst verhinderte in ihren Augen die standesgemäß notwendige Lebensführung und es kam zum Zerwürfnis.

1658 setzte der Kurfürst seine Amtsgewalt ein, um seine erste Ehe einseitig und gegen den Willen seiner Frau aufzulösen, indem er sie öffentlich als geschieden erklärte. Anschließend legitimierte der Landesherr seine Liebe zu Louise von Degenfeld. Elisabeth Charlotte war fünf Jahre alt, als die frühere Hofdame ihrer Mutter durch eine unstandesgemäße Heirat »zur linken Hand« ihre Stiefmutter wurde und in den Ottheinrichsbau einzog.

Im Oktober heiratete Liselottes Tante Sophie, die Schwester ihres Vaters, den Herzog von Braunschweig-Lüneburg. Sie schlug vor, die kleine Prinzessin nach Hannover mitzunehmen und sie bei der Großmutter in Den Haag vorzustellen. Der Kurfürst gab sein Einverständnis dazu, auch um die Tochter dem mütterlichen Einfluss zu entziehen – sie lebte nach wie vor in Heidelberg. Das Kind ging auf Reisen und lernte seine Großmutter, die ehemalige »Winterkönigin«, kennen. Diese lebte seit dem gescheiterten Experiment der pfälzisch-böhmischen Königswürde im Den Haager Exil. Sie vernarrte sich in ihre Enkelin, grenzte sie vom mütterlich-hessischen Clan ab und stellte sie nach ihren Familienstudien ganz dem pfälzischen Haus zu.

In Hannover hatte sie quasi Pflegeeltern, offen und natürlich entwickelte sie sich zu einer neugierigen kleinen Person, die ihre Wege in die Welt suchte. Bei der Geburt ihrer ersten Cousine hatte sie sich hinter einem Wandschirm versteckt und heimlich dem schmerzensreichen Wunder der Geburt beigewohnt. Ihre religiösen Fragen an den Hofprediger, die die Ebenbildlichkeit zwischen Gott und den Menschen erforschten, sprengten den katechetischen Rahmen religiöser Erziehung, den man ihr gab. Bis an ihr Lebensende war sie eine skeptische Christin, die zutiefst in die reformatorisch erkämpfte evangelische Gedankenwelt eingebunden war. In Frankreich sang sie alleine evangelische Choräle, die katholische Messe blieb für sie eine fremdsprachige und unverständliche Veranstaltung, der sie innerlich distanziert blieb.

Als die leibliche Mutter eine angemessene Entschädigung erhielt, verließ sie die Heidelberger Residenz und ihr Vater holte die Tochter ab Sommer 1663 wieder in die Pfalz. Karl Ludwig ließ sein »Bärenkatzenaffengesicht«, wie er sie väterlich benannte, nach seinen Anweisungen ausbilden.

Auf Reisen begleitete sie ihn durch das Herrschaftsgebiet, lernte Land und Leute kennen, wurde in Sprachen, Zeichnen, Musik, Literatur, Singen, Nadelarbeit, Tanz, Etikette und natürlich in Genealogie geschult. Die ständische Welt des Feudalismus forderte von weiblichen Angehörigen des Hochadels ein gründliches Wissen über die europäischen Dynastien. Fehlende Kenntnisse in Wappen- und Medaillenkunde oder über Insignien waren unverzeihliche Versäumnisse in der hierarchisch gegliederten Ständegesellschaft. Daher rührt Liselottes Münzsammlung, an der sie ihre Kenntnisse über die Dynastien praktisch überprüfen konnte.

»Daß der ledige Stand so a la mode wird ...«

Die deutsche Prinzessin wurde mit 19 Jahren *Madame* und zweite Dame Frankreichs. Am 14. November 1771 trat die protestantische Prinzessin in Metz zur katholischen Kirche über; anschließend erfolgte die Trauung *per prokurationem*, das heißt der Bräutigam, Philipp I. von Orléans, war nicht anwesend. Die Fürstenhochzeit war ein Vertragswerk, das die Grundlage für eine politische Allianz war. Um diesem System gerecht zu werden, verzichtete sie auf pfälzische Erbansprüche. Ferner legte die Braut ihrem Vater einen Brief vor, in dem sie ihm ihren Übertritt zur katholischen Kirche mitteilte. Der Kurfürst zeigte sich überrascht, wie es die Form vorschrieb, die er für das protestantische Lager einzuhalten hatte – es war ein Spiel.

Liselotte hatte den verwitweten Bruder des französischen Königs geheiratet; sie kam ihrer Aufgabe der Mutterschaft nach und gebar zwei Söhne und eine Tochter. Ihr Mann war vierzehn Jahre älter und homosexuell; in Liselottes Worten hieß dies, er habe »mehr weibliche als Mannsmanieren«. Die Gruppe seiner Favoriten erschwerte ihr das höfische Leben, das durch die Gunst des absoluten Fürsten bestimmt wurde. Es war der Gefährte ihres Mannes, Marquis d'Effiat, der erfolgreich gegen sie intrigierte, die zerrüttete Ehe noch mehr belastete und ihr Verhältnis zum König verstimmte.

Verständlicherweise waren das Eheleben und die Rolle als Frau für Liselotte problembehaftet. In unzähligen Briefen äußerte sie sich, dass sie lieber als Mann denn als Frau leben wollte. Schon als Mädchen hätte sie lieber mit Degen als mit Puppen gespielt, wäre sie lieber als Junge geboren worden. Sie hätte alles daran gesetzt, ein Junge zu sein, berichtete sie im August 1718. Denn sie habe gehört, »daß Maria Germain vom springen zum mannsmenschen geworden, das hat mich so erschrecklich springen machen, dass es ein mirakel ist, dass ich nicht hundertmal den hals gebrochen habe.«

Sie beklagt sich über die Begrenzungen, denen Frauen am Hof ausgesetzt waren. Generell empfand sie die weibliche Lebenswelt nicht als attraktiv, da Frauen ihr Leben mit Langeweile oder Schwangersein zubringen und aus der Defensive heraus leben müssten. Sie bestärkte ihre Halbschwester Raugräfin Louise in einem Brief aus Paris am 7. November 1684, keine Ehe einzugehen. Sie solle sich nicht um den schlechten Ruf einer alten Jungfer scheren, denn: »Daß der ledige stand so a la mode wird, ist vielleicht, dass die weibsleute klüger werden und lieber allein leben wollen, als sich herren und meister zu wehlen, welche gar oft tyrannen werden, und in meinem sinn ist es besser, [als] alte jungfer ausgelacht zu werden, [denn] als geheuratete frau beklagt [zu werden]«.

Neueste Schätzungen gehen von 60 000 Briefen aus, die *Madame* in ihren mittäglichen oder nächtlichen Schreibstunden zu Papier brachte. Diese Briefe wurden freizügig als Bausteine herangezogen, um ihren unglücklichen Schicksalsweg als Frau zu beleuchten.

Als weibliche Angehörige des europäischen Hochadels bewegte sich Elisabeth Charlotte klar innerhalb der Standesgrenzen der

Frühen Neuzeit. Ihr Leben war durch Mutterschaft, Repräsentation und Religion bestimmt. Deutlich erkannte und erlebte sie willkürliche Begrenzungen ihres Geschlechts. Sie formulierte ihr Leiden daran und arrangierte sich. Das System als solches durchbrach sie nicht. Ihr Leben war geprägt durch Ambivalenzen, von aufmüpfiger Kritik und vom Verharren im Gegebenen. Dieses war jedoch nicht widerspruchslos oder passiv. In ihren Briefen setzte sie sich mit ihrem Leben auseinander, sie beschrieb ihren Alltag, ihre Erfahrungen, kommentierte und befand sich quasi in einem stetigen Dialog mit ihren Briefpartnerinnen und Briefpartnern.

Schreiben war für sie eine existenzielle Notwendigkeit. Elf Jahre nach ihrer Ankunft in Frankreich schrieb sie ihrer Tante im September 1682 aus Versailles, dass sie ihr schreiben müsse, um nicht zu ersticken. Sie habe niemanden am Hof, dem sie sich anvertrauen könne. Mit ihren Briefen bewältigte die zweite Dame Frankreichs demnach ihr Leben, das aus ihrer Sicht gänzlich fremdbestimmt war. Die Briefe eröffneten ihr einen intellektuellen Raum, den sie frei und nach ihren Regeln gestalten konnte.

Hemmungslos schrieb sie ihre Meinung, trotz Zensur und Überwachung. Sie war dem König zwar grundsätzlich treu ergeben, doch brauchte sie das Briefeschreiben als Ventil, um ihrer Kritik an der Willkür des Souveräns Ausdruck geben zu können. Dies betraf vor allem die Vernichtung ihrer pfälzischen Heimat. Über die Mätressen Montespan und Maintenon fällte sie ein vernichtendes Urteil und wies die Institution von Mätressen grundsätzlich als unchristliches Arrangement zurück. Altständisch orientiert wie sie war, empörte sie sich auch gegen die erzwungene Ehe ihres Sohnes. Philipp sollte eine nicht legitime Tochter Ludwigs XIV. heiraten und dies war eine unstandesgemäße Verbindung. Verhindern konnte sie die Bestimmungen nicht, durch das Schreiben konnte sie besser damit leben.

Als ihre Briefpartnerinnen und Briefpartner verstarben, vereinsamte sie. Noch fünf Tage vor ihrem Tod schrieb sie ihren letzten Brief an ihre Halbschwester Louise von Degenfeld. Am 3. Dezember 1722 verstarb Elisabeth Charlotte Madame la Palatine. Sie wurde in St. Denis beigesetzt.

»Handelsjungfer« im politischen Ränkespiel

Dorothea Delph

(ca. 1728–1808)

Dorothea Delph ist als Goethefreundin in die Heidelberger Geschichte eingegangen. Doch sie war viel mehr als das: Sie war Geschäftsfrau und nahm am politischen und gelehrten Leben ihrer Zeit teil. Ihr Haus, das sie in der Heidelberger Hauptstraße bewohnte, ist schmal. Fast übersieht man es, wie es zwischen den stattlichen Häuserfronten an der pulsierenden Hauptader der Stadt eingereiht ist, wäre da nicht am Gebäude eine Erinnerungstafel angebracht: »Von hier, aus dem Hause seiner mütterlichen Freundin Dorothea Delph reiste Goethe der Einladung von Karl August folgend am 4. November 1775 nach Weimar.«

Für den Dichter waren es Schicksalstage, die er bei ihr verbracht hatte, denn hier entschied er sich für die Politik. Seine Tätigkeit als Staatsmann im diplomatischen Dienste des Weimarer Hofes ist hinreichend bekannt. Das Wirken von Delph hingegen ist gekennzeichnet von einer gewissen Unschärfe und Unsichtbarkeit. Doch gerade das weckt die Neugier und lässt manches mehr erkennen.

»Handelsjungfer Delphin«

Von ihrer Herkunft ist wenig bekannt. Schließlich vermerkte schon das Totenregister von St. Peter, dass sie etwa 80 Jahre alt war, als sie am 20. Oktober 1808 in Heidelberg am sogenannten »Schlagfluss« verstarb. Demnach war sie um 1728 geboren.

Von ihren Eltern ist bekannt, dass sie zu den Reformierten zählten und aus dem Rheinischen und dem Rhein-Hessischen stammten. Ihr Vater, der »Handelsmann« Georg Wilhelm Delph, war mit Frau und Kindern nach Heidelberg gekommen. Im Jahr 1748 stellte er eine Bittschrift an den Heidelberger Rat, damit

Von hier
aus dem Hause seiner mütterlichen Freundin
DOROTHEA DELPH
reiste
GOETHE
der Einladung KARL AUGUST'S folgend
am 4. November 1775

man ihn und seine Familie bürgerlich aufnehme. Dem Gesuch fügte der Vater seinen Geburts- und seinen Lehrbrief bei und ebenso tausend Gulden in bar. Damit erfüllte er die notwendigen Formalitäten, damit er und die Familie – seine Frau Anna Gertrudis, Dorothea und deren ältere Schwester Sibylle Elisabeth sowie der Sohn Bernhard Thielmann – das Bürgerrecht erhalten konnte. Mit diesem verbrieften Recht war es ihnen möglich, »eine Krämerei und Handelschaft«, ein Handelsgeschäft, zu begründen. Das Geschäft war allerdings einigen Schwankungen ausgesetzt, wie aus Akten mit eingegangenen Klagen, fälligen Wechseln und einem Moratorium der kurfürstlichen Regierung hervorgeht, die von finanziellen Engpässen und von Notlagen zeugen. Vom Bruder Bernhard Thielmann wird berichtet, dass er missraten gewesen sei. Denn er vermochte sich und seiner Familie mit zwei Töchtern keine gesicherte bürgerliche Existenz aufzubauen, sondern erbat von seiner Herkunftsfamilie »Reise- und Zehrungsgeld«. Später wanderte er nach Ostindien aus und verstarb dort. Die Details, wann das geschah und ob seine Schwester Dorothea noch in Kontakt mit ihm stand, sind allerdings offen.

Mit zweiunddreißig Jahren wurde die »Handelsjungfer Delphin« selbst in Heidelberg aktenkundig. Nachdem die Eltern kurz nacheinander verstorben waren, erhielten die Töchter 1760 die Erlaubnis zur Fortführung des Ladens. Sie waren beide über dreißig Jahre alt und unverheiratet. In der damaligen Begrifflichkeit wurde diese Lebensform als »lediger Stand« und die Frauen als »Jungfern« benannt. Dass Dorothea Delph und ihre Schwester zeitgenössisch als »Handelsjungfer« bezeichnet wurden, verwies demnach sowohl auf ihre Profession als auch auf ihren Stand. Und damit treten die verschiedenen Dimensionen zu Tage, welche die Erlaubnis, den elterlichen Betrieb fortzuführen, beinhaltete: Den Frauen wurde das Recht der Führung und Leitung eines eigenen Ladens übertragen, auch in der Rechtsfolge. Infolgedessen war es den Handelsjungfern gestattet, ihren Laden ohne männlichen Vormund selbstständig nach außen zu vertreten, Verträge abzuschließen, ihre Finanzen zu verwalten und eine Geschäftspolitik zu entwickeln.

Helene Dorothea war dabei die Aktivere, denn sie zählte zu jenen, »die immer ein Geschäft haben, andere beschäftigen und bald diese, bald jene Zwecke durchführen wollen«, wie sie Goethe in seinem Lebensrückblick *Dichtung und Wahrheit* beschrieb. Schließlich war dem Dichter bekannt, wie agil und strebsam die Freundin war: Delph reiste zur nächstgelegenen internationalen Drehscheibe für Handel und Politik, zur Frankfurter Messe, die jedes Jahr im September stattfand. Die Messe bot ihr nicht nur neue Ware, sondern auch Einblicke in eine andere Welt. Denn in der freien Reichsstadt Frankfurt herrschte ein anderes Recht als in ihrer kurpfälzischen Heimat. In der alten Messestadt knüpfte sie geschäftliche Kontakte zu namhaften Handelsfamilien. Und nicht selten entwickelten sich aus ihren Handelsgeschäften auch freundschaftliche Verbindungen zu den Familien der besten Gesellschaft. Mittelbar lässt sich eine rege Korrespondenz der Delphin »mit der halben Welt« nachweisen, wie es Achim von Arnim nach ihrem Tod festhielt.

Um ihren Handel voranzubringen, scheuten die Schwestern nicht davor zurück, neue Wege zu beschreiten. Ihre Maßgabe war, das für sie Mögliche im Heidelberger Geschäftsleben umzusetzen und ihre Existenz zu sichern. Ihre Geschäftigkeit wurde von der Konkurrenz genau beobachtet. 1769 beschwerte sich die Heidelberger Handelsinnung bei Kurfürst Carl-Theodor in Mannheim über die schwesterliche Geschäftsleitung. Die Innung beanstandete, dass die »Jungfern Delph mehrere Gewerbschaften« führen würden und damit gegen die altbewährten Stadtprivilegien verstießen. So zumindest argumentierten die Innungshändler. Sie zogen die Stadtordnung von 1742 heran, die es den Bürgern ausdrücklich untersagte, verschiedene Gewerbebereiche in einem Handelsgeschäft zu mischen. Und in der Tat, die regen Schwestern hatten den väterlichen offenen Laden zu einem Handel mit feinen Stoffen ausgebaut und diesem Tuchhandel noch einen Tee- und Kaffeehandel angefügt. Genau das aber erregte den Ärger der Konkurrenz.

Die Entscheidung des Landesherrn in dieser Angelegenheit wurde nicht überliefert. Allerdings schien der Eklat dem Geschäft nicht geschadet zu haben, denn fünfzehn Jahre später existierte es noch immer. Ihr Tuchhandel firmierte mittlerweile als Schnittwarengeschäft von Lyoner Seidenstoffen und wurde sogar in der

»Kurzen Vorstellung der Industrie« des pfälzischen Kurfürstentums genannt. 1780 listete ihr Betrieb in der vielbeachteten Rubrik für »Seiden- [...] und Galanterie-Waren-Handlungen«. So waren die Schwestern offensichtlich auch weiterhin erfolgreich. Der Handel blühte derart, dass sie am 19. Februar 1782 ihr Handelshaus in der Hauptstraße kaufen konnten. Das »Kontraktenbuch« verzeichnete für diesen Tag einen Vorgang für 1.800 Florin – den Hauskauf. Für diese durchaus gewagte Transaktion hatte ihnen der Kurfürstliche Geheimrat Fontanesi 1000 Florin geliehen.

»Sie wird für einen Hermaphroditen gehalten«

Um eine solch stattliche Summe leihen zu können, war mehr als ein sehr guter Leumund notwendig. Offensichtlich vermochte es die vierundfünfzigjährige Geschäftsfrau Delph, Vertrauen in ihre Person aufzubauen. Und diese Befähigung wurde an ihr allgemein hoch geschätzt, denn man empfahl sie sehr gerne als Beraterin in Finanz-, aber auch in Lebensfragen. Auch Goethe war von dieser Eigenschaft seiner Freundin fasziniert. Schließlich war sie ihm mehrmals Beistand in Krisensituationen gewesen, wodurch er ihr spezielles Verhalten genau kennen gelernt hatte. Wenn er festhielt: »Man konnte sie nicht intrigant nennen: sie pflegte den Verhältnissen lange zuzusehen«, wusste er, wovon er schrieb. Delph beobachtete und analysierte die Sachlage, stellte eigene Absichten hintenan und wartete in der Situation ab, bis »die Gesinnungen der [betroffenen] Personen zwischen Zweifel und Entschluß« standen. An diesem Punkt griff sie ein, um dann »eine solche Kraft der Charaktertüchtigkeit einzusetzen«, dass sie das gewünschte Vorhaben leicht ausführen konnte.

Es ist naheliegend, dass die ledige Frau für ihren sozialen Aufstieg konventionelle Bahnen überschreiten musste. In ihrem Alltag durchbrach sie Vorgaben, die damals für eine sittliche Weiblichkeit galten.

Ihre Persönlichkeit überlieferte ihr Großneffe in einer einprägsamen Beschreibung posthum: »Schwarzer Kaffee, feinster

Marokko-Schnupftabak waren ihre Reizmittel. Sie verachtete alle Kleidermoden und ging in Spitzenhaube und Haartour mit einem vier Schuh langen, echten Rohr bewehrt spazieren.«

Beschreibungen ihrer Person betonen stereotyp das Männliche der Dorothea Delph und bescheinigen ihr ein Abweichen von ihrer weiblichen Rolle. Delphs Freund Goethe hielt von ihr fest: »Es [sic] war eine eigne Person, ernsten, männlichen Ansehens und gleichen, derben, hastigen Schrittes.« Zeitgenössische Aussagen belegen, dass Dorothea Delph für ein Zwitterwesen gehalten wurde, für ein Mischwesen aus Mann und Frau. Nach klassischem Denken wurde sie als »Hermaphrodit« bezeichnet, wie von Arnim die Tratschereien über Dorothea Delph nach ihrem Tod überlieferte.

»Göthische Schildkröte«

Gesichert ist Dorothea Delphs Wirken als mütterliche Freundin und Beraterin Johann Wolfgang von Goethes. »Sie ist übrigens nie die Geliebte von Göthe gewesen«, informierte Achim von Arnim seine Bettine in München. Diese empfahl ihm dringend, die Delphin persönlich aufzusuchen und kennenzulernen. Doch zu diesem Zeitpunkt war die »Göthische Schildkröte«, wie die jungen Schriftsteller sie nannten, bereits verstorben gewesen. Die Briefe Goethes und andere schriftliche Zeugnisse existierten nicht mehr, denn die alte »weibliche Merkwürdigkeit« Delph hatte ihren gesamten Nachlass mit in ihr Grab genommen. Geblieben waren allerdings die Selbstzeugnisse ihres Freundes Goethe, der sie gut zwanzig Jahre nach ihrem Tod noch immer »die alte treue Freundin« nannte. Eine solche Würdigung ist außergewöhnlich und es stellt sich die Frage, warum die erfolgreiche Geschäftsfrau für ihn eine so wichtige Person war. Sie war keine Literaturkritikerin oder einfühlsame Mäzenatin gewesen, die das junge Frankfurter Talent in die einschlägigen Kreisen eingeführt hätte, ihre freundschaftliche Verdienste sind demnach anderswo zu suchen.

Als Freundin stellte sie dem Dichter während seiner Besuche in Heidelberg eine Unterkunft bereit und hatte dem zwanzig Jahre jüngeren Mann zwei aussichtsreiche Verlobungen arrangiert. Ihr Wunsch, eine Hochzeit zu stiften, erfüllte sich allerdings nicht, denn es war bei den ersten euphorischen Zuwendungen der jungen Leute geblieben und beide Verbindungen wurden nach kurzer Zeit wieder gelöst.

Goethe erzählt von Dorothea Delph in seinem Lebensrückblick an der entscheidenden Stelle. Er schildert sie als die zentrale Gestalt in seinem Schicksalsjahr 1775. Halten wir uns die Situation vor Augen: Der spätere Dichterfürst und geadelte Geheimrat befand sich damals in einer Krise, zwei Verlobungen waren aufgelöst worden, zudem schwankte er in seiner Lebensplanung zwischen den Bereichen von Kunst und Politik. Der Weimarer Hof ließ ihn warten, bis schließlich eine Einladung erfolgt. In dramatischer Verdichtung schilderte Johann Wolfgang den Aufbruch vom Delphischen Haus und die damit verbundene Entscheidungsfindung für die Politik. Dorothea Delph beschreibt er dabei als die zentrale Akteurin an seiner Seite. Es scheint unplausibel, dass sich der Dichterfürst und Geheimrat in der Schlüsselsituation seiner Biografie eine Zimmerwirtin zur Seite stellte, gerade zu dem Zeitpunkt, als seine grandiose politische Laufbahn begann. Aus seiner Darstellung folgt daher, dass Dorothea Delph mit Goethes zentralen Themen zu tun hatte.

Soviel zu Goethes Schilderungen. Beachtenswert scheint auch das, was Goethe in seinem Rückblick nicht erwähnt, was er vergessen oder verschwiegen hatte, was sich aber dennoch aus dem Text und dessen historischen Zusammenhang erschließen lässt. In der Tat, die rege Handelsjungfer Delph war eine gestandene Frau Ende vierzig, die Kontakte bis in die höchsten Kreise pflegte. Und dies nicht nur im Wirtschaftszentrum Frankfurt. Sie hatte Kontakte zum Mannheimer Hof und pflegte in Heidelberg die Gesellschaft mit der Familie des Geheimrats Freiherr von Wrede, mit dem Administrationsrat Harscher, dem Kunstsammler und Bankier Fries, dem Geheimrat Mai, dem Kirchenrat Mieg, der Freifrau von Cathcart oder dem Schriftsteller Jung-Stilling – um nur einige zu nennen. Von ihrem Großneffen wurde überliefert, dass die Geschäftsfrau »wissenschaftlich beinahe gelehrt« gewesen sei. Die Jungfer allein auf ein mütterliches Betreuen festzulegen wäre verkürzend. Goethe selbst schilderte ihr Engagement, ihn, den vielversprechenden Mann, im kurpfälzischen Raum zu behalten. Ihre Pläne gingen dahin, den jungen Mann in seinem vagen Reiseplan zu motivieren, derweil die Heirat mit »W.« zu arrangieren und ihm bei seiner Rückkehr aus Italien eine Stelle am Mannheimer Hof zu präsentieren. Doch erklärt dies ihre zentrale Position am Schnittpunkt von Politik und Kunst?

»Politische Agentin«

1781 schrieb Goethes Mutter in einem Brief an Herzogin Anna Amalia von Sachsen-Weimar über die »politica Delphin«. Dabei berichtete sie selbstverständlich und vertraut von dem Besuch der Geschäftsfrau, die völlig unerwartet bei ihr auf Stift Neuburg aufgetaucht sei, um »ganz gewiß Herrn Goethe hir [sic] zu finden«. Hätte Frau Rat Goethe von einem *Politicus* gesprochen, so wäre ihren Zeitgenossen klar gewesen, dass von einem staats- und weltklugen Mann die Rede war, der Umgang mit Staatshändeln und derlei Angelegenheiten hatte. So definierten die Wörterbücher einen *Politicus*. Sie schrieb allerdings von der weiblichen Form und brachte damit zum Ausdruck, dass die Delphin nicht nur eine kluge Frau war, sondern vielmehr eine, die mit der politischen Praxis vertraut war. Hatte die Delph zusätzlich zu ihrem Handelsgeschäft die politische Laufbahn eingeschlagen wie ihr junger Freund sechs Jahre zuvor?

Die Tatasche, dass der Brief von Frau Goethe an Anna Amalia, die Mutter von Goethes Arbeitgeber Karl-August, gerichtet war, ist ein wesentlicher Hinweis hierfür. Karl-August war die zentrale Figur des späten 18. Jahrhunderts, wenn es um die Interessensstärkung der deutschen Mittelstaaten ging. Geheimrat Goethe hatte seit seiner Berufung nach Weimar die Aufgabe zu betreuen, einen Fürstenbund der kleinen und mittleren Staaten als eigenständige Gruppierung aufzubauen, um die Dominanz Österreichs im deutschen Staatenbund zu brechen. Dieser Plan war hochbrisant und stand unter absoluter Geheimhaltung, wie es Goethe noch nach Jahren seinem Freund Sulpiz von Boisserée anvertraute.

In dieser Sache war Markgraf Carl Friedrich von Baden ein politischer Verbündeter für Weimar. Er schickte 1783 seinen Vertrauten in geheimer Mission nach Frankreich, um die französische Position mit Blick auf einen Fürstenbund zu erkunden. Es war kein anderer als Goethes Schwager Geheimrat Schlosser, der diese Mission durchführte. In dieser Phase war die Rolle Preußens noch die eines Mittelstaates; erst ab 1785 übernahm Preußen die Führung in der antiösterreichischen Politik und dem Gemenge Fürstenbund, woraufhin sich der Markgraf von Baden aus diesen Bestrebungen zurückzog.

Der Herzogin Anna-Amalia und der Rätin Goethe war die Delphin als Geschäftsfrau bekannt und auch als eine in Staatsgeschäften bewanderte Person. Hatte die »politica Delphin« mit den geheimen Angelegenheiten des Projektes Fürstenbund zu tun?

Goethe schweigt dazu. Sein Werk gibt Auskunft über eine Begegnung zwischen ihm, dem Schwager Schlosser und der Delphin im August 1793, als der Diplomat auf der Rückreise von der Belagerung von Mainz war. Damals war die Delphin damit beschäftigt gewesen, zwischen den Schwägern zu vermitteln, die sich wegen der Farbtheorie zerstritten hatten. Von einer in Staatsgeschäften agierenden Frau wurde nicht erzählt. Vier Jahre später lieferte Goethes Tagebuch der Schweizreise die unvergängliche Stadt- und Landschaftsbeschreibung Heidelbergs. Er schilderte den abendlichen Gang in der Ebene an der Seite von »Demoiselle Delph« bis dahin, wo der Blick auf Rohrbach ging. Doch von einer »politica« war keine Rede.

Aus Goethes Umfeld verdichten sich allerdings die Querverweise, dass die Bezeichnung Dorothea Delphs korrekt war; dass die Delphin tatsächlich als »politische Agentin« im Geheimen tätig war.

Wer nun in der Geheimdiplomatie agierte, der blieb verdeckt. So wird es plausibel, dass Goethe der Delphin einerseits eine zentrale Rolle in seinem Lebenswerk bescheinigte, sich aber andererseits über die eigentliche Rolle dieser Freundin ausschwieg. Denn auch er war seit seiner Berufung in diese Bereiche der Geheimdiplomatie verwickelt. Schließlich beabsichtigte Weimar mittels des Fürstenbundes eine Reichsreform, um die österreichische

Übermacht zu brechen. Diese Politik bekam durch die bayerische Erbfolge von 1778 eine weitere Dringlichkeit. Mit der Zusammenlegung der pfälzischen und der bayerischen Linien der Wittelsbacher unter Carl Theodor, übernahm der Pfälzer in München eine Reihe von Geheimverträgen, die Österreichs Macht noch mehr zu stärken drohten. Der Heidelberger Gemäldesammler Sulpiz von Boisserée, der mit dem Kurfürsten Carl Theodor nach München zog, überlieferte, dass ihm Goethe anvertraut habe, er sei in den frühen diplomatischen Jahren an einer geheimen »Verschwörung« beteiligt gewesen – auch das ein weiterer Hinweis.

Und die Delphin? Sie lieferte mit ihrem Heidelberger Handelshaus und ihren Verbindungen zum Mannheimer Hof Carl Theodors die Deckadresse für die antiösterreichische Politik. Diese Tatsache ist durch den Mannheimer Geheimdienst überliefert, der die bekannte Geschäftsfrau als diejenige Adresse ansah, von der aus gefährliche Druckschriften verbreitet wurden. Am 14. September 1781 schrieb Frau Rat Goethe direkt an Herzogin Anna-Amalia von Sachsen-Weimar. Goethes Arbeitgeber war die zentrale Person der Fürstenbundidee und die Delphin gehörte wohl zum inneren und vertrauten Kreis derer, die in einer Verschwörung um den Herzog von Sachsen-Weimar zusammengearbeitet hatten. Das wussten die Mütter der politischen Akteure.

Offensichtlich waren es die Regeln der Geheimhaltung, die Goethe zum Schweigen brachten, die Korrespondenz der Delph verschwinden ließen und sich so ein »Halbdunkel um ihre Person« entwickelte. Diese Sicht lässt das Phänomen »politica« sinnhaft werden.

Als Dorothea Delph 1808 verstorben war, ordnete ihr Großneffe Henking die Erbschaft. Fast neunzehn Jahre lang hatte sich die Händlerin zuvor als »hilfreiche Autorität« energisch und mütterlich um ihn und seine Geschwister, die fünf Waisenkinder des Heidelberger Hofapothekers, gekümmert, indem sie die Privilegien der Hofapotheke beim Kurfürsten für die Kinder verteidigte. Stringent argumentierte sie damit, sich um das Wohl der Kinder zu sorgen, die ihr als »Beystand« zugewiesen waren. Ihr Hausverkauf im Juni 1801 für 6000 Florin schien mit dieser neuen Aufgabe zusammenzuhängen, denn die Alternde war nach dem Tod ihrer älteren Schwester Sibylle Elisabeth zu den Kindern in die nahegelegene Hofapotheke gezogen. Als sie dort am 20. Oktober 1808 verstarb, entdeckten ihr Großneffe und das Hausmädchen eine Eisentruhe voll Silbergeschirr. Mit dem Geld der »alten Mamsell« schickte er das Mädchen zum Bäcker, damit für den Leichenschmaus frisches Gebäck in Hülle und Fülle und recht guter Kaffee gekauft wurde. In seiner Familiengeschichte erinnerte er sich begeistert an den üppigen Leichenschmaus: »Das war eine Totenfeier!«

»Ein weiblicher Sokrates«

Die Pädagogin Caroline Rudolphi

(ca. 1750–1811)

Als Caroline Rudolphi nach Heidelberg zog, war sie bereits um die fünfzig Jahre alt und lebte nur kurze Zeit in der Stadt. Die Pädagogin gründete die erste private Mädchenschule Heidelbergs und machte sich um die Mädchenbildung und -erziehung verdient. Außerdem stand die gefeierte Schriftstellerin im Mittelpunkt des sogenannten Heidelberger Romantikerstreits, der das Geistesleben der Stadt Anfang des 19. Jahrhunderts geradezu spaltete.

Es »regte sich in ihr ein Durst nach Wissen«

Caroline Rudolphi wurde am 24. August 1750 oder 1754 in Magdeburg oder in Berlin geboren. Die widersprüchlichen Daten sind typisch für ihre Lebensgeschichte. Selbst ihre Biografen stellten fest, dass die gefeierte Dichterin in ihrer Autobiografie sehr beredt zu schweigen verstand. So ist es nicht verwunderlich, dass sie ihre Kindheit nach dem Siebenjährigen Krieg grau in grau schilderte, großes Elend benannte, von sich oder ihrer Familie aber nichts Konkretes berichtete.

Ihr Vater war ein überzeugter Pädagoge, der auf den Faktor Bildung als gestaltende Kraft für die Menschen und für die Gesellschaft setzte. Der dreijährigen Caroline nahm er beispielsweise die Angst vor der Dunkelheit, indem er sie bei einem Nachtspaziergang begleitete und ihr das unbekannte Dunkle vertraut machte. Im sechsten Lebensjahr lernte Rudolphi mit dem ABC-Buch das Lesen und übte es in der Bibel. Als Rudolphis Vater 1763 verstarb, geriet die Familie in finanzielle Not. Als Halbwaise wuchs Caroline in ärmlichen Verhältnissen auf und musste ihrer Mutter beim erwerbstätigen Nähen helfen. Möglicherweise verwuchs ihr durch eine schlechte Haltung in dieser Zeit der Rücken. Sie besuchte die Elementarschule und bildete sich durch den geliebten älteren Bruder weiter, der einen Freiplatz in den Francke'schen Stiftungen in Halle an der Saale erhalten hatte.

Eine unglückliche Liebe zu einem adeligen Offizier, die fehlende Mitgift sowie ihr wenig einnehmendes Äußeres – sie war buckelig und schielte – wurden gemeinhin als Heiratshindernis benannt, so dass in der Heranwachsenden der Entschluss reifte, Erzieherin zu werden. Diese idealtypische Konstruktion einer hässlichen, sitzen gebliebenen, älteren und nichtverheirateten Frau, die notgedrungen zur Erzieherin wurde, war von Rudolphi auch in ihrer Autobiografie angelegt worden. Sie schilderte darin ihren Lebenslauf und ihren Bildungsweg klischeehaft, so dass die Unterscheidung zwischen romanhafter Erzählung und authentischem Zeugnis unscharf wird. Es entsteht vielmehr der Verdacht, dass die Autorin ihre Erzählung gezielt auf bekannte Themen wie die der alten Jungfer lenkte, um die eigene Lebensgeschichte zu verschweigen.

Rudolphi blieb ledig und wählte nicht nur beruflich ein Leben mit Frauen. Ab 1773 war sie mit einer älteren Frau befreundet, die sie intellektuell förderte. Rudolphi fing an, ihr literarisches Talent zu entwickeln und begann zu schreiben. Die Freundin verstarb 1775. In den Folgejahren war Rudolphi mit Sophia G. befreundet, in deren Hauswesen sie zunächst als Näherin tätig war. Mit den Kindern der Freundin erprobte sie ihr Geschick für pädagogisches Arbeiten. Nach drei Jahren trennten sich ihre Wege und die fast Dreißigjährige nahm ihre erste Tätigkeit als Erzieherin an.

»Eine der neuen Sapphos«

Auf dem Rittergut Trollershagen in Neu-Brandenburg bekleidete Rudolphi 1778 die Stelle einer Gouvernante für die fünf Kinder der Familie von Röpert. Sieben Jahre lang betreute sie den Nachwuchs. Die Zöglinge sollten in erster Linie in Briefstil, Literatur, Musik, Geschichte und Geografie, eventuell in feinen Handarbeiten, Zeichnen und Philosophie unterrichtet werden. Eine spezielle Qualifikation konnte die Autodidaktin dafür nicht vorweisen. Generell gab es für das Berufsbild einer Gouvernante keinen reglementierten Ausbildungsweg. Die Eheleute von Röpert hatten der Rudolphi die Stelle angetragen, weil sie durch ihr sprachliches Talent und durch exzellente Kenntnisse in der neuesten Literatur Aufmerksamkeit erweckt hatte. Schließlich waren 1773 die ersten Gedichte der Rudolphi unter ihrem eigenen Namen in Journalen veröffentlicht worden.

Caroline Rudolphi gehörte zu jener Generation von Frauen, die sich entscheiden konnte, ob sie selbstbewusst als weibliche Autorin an die Öffentlichkeit treten wollte oder ob sie der bis dahin üblichen Praxis der Schriftstellerinnen folgen wollte, das heißt mit Pseudonym zu veröffentlichen, um anonym zu bleiben. Die Gedichte der Rudolphi waren erfolgreich und erreichten ein breites Publikum. Bereits 1774 vertonten Juliane Benda und Johann Reichhardt eine Auswahl ihrer Gedichte. Dieser Weg als öffentlich bekannte Schriftstellerin war eine Generation vor Rudolphi durch Anna Louisa Karsch (1772–1791) geebnet worden. Die »Karschin« galt als »Deutschlands größte Sängerin«. Sie wurde mit der antiken Sappho verglichen und etablierte eine entsprechende Tradition, in die sich auch Rudolphi einreihte. Sie belebte dabei einen weiteren Aspekt der antiken Vorgabe: Es war das Bild der weiblichen Lehrkraft, die einen Kreis von Schülerinnen um sich versammelte und in Literatur unterrichtete. Rudolphi arbeitete als schriftstellernde Pädagogin gezielt mit zeitgenössischer Literatur, um so das Gemüt ihrer Schülerinnen zu formen.

Während ihrer produktiven Trollershagener Zeit befreundete sie sich ab 1778 mit Julie von Hahn. In ihrem *Nachlaß* überhöhte sie diese Beziehung in romantischer Weise und beschrieb sie metaphorisch als himmlische Verbundenheit: »Wenn es Engel unter den Menschen gibt, die eine zeitlang mit ihnen in ihrer Gestalt herumwandeln, so war dies einer. – O Julie! Reiner frommer Engel«. Zusammen mit Minna und Dorothea S. bildeten die vier eine einmalige Freundinnenquadriga, die von Rudolphi als überzeitliche Gemeinschaft vorgestellt wurde: »Mit dieser Julie lebte Caroline in der heitersten Eintracht, und ward grenzenlos von ihr geliebt.« Das Thema des Erlebens der Freundschaft prägte das lyrische Werk der Caroline Rudolphi. Obwohl das Thema in der Dichtung nicht mehr en vogue war, huldigte sie dem Freundschaftskult. Offensichtlich hatte sie ihr Publikum, denn auch ihre Gedichtbände von 1787 und 1796 erlebten eine zweite Auflage. Noch sechs Jahre vor ihrem Tode brachte sie 1805 *Sämtliche Gedichte* heraus.

»Erziehungsinstitut für junge Demoiselles«

Trotz dieser Erfolge betrachtete Rudolphi die Schriftstellerei stets als Nebenerwerb, ihr Hauptberuf war die Erziehung. Ostern 1783 beendete sie ihre Gouvernantentätigkeit. Sie zog mit den vier Töchtern der Familie von Röpert nach Trittau und gründete dort ihr erstes »Erziehungsinstitut für junge Demoiselles«. Der Schritt, im ländlichen Holstein eine eigenständige Institution zu gründen, war von mehreren Seiten gefördert worden. Ihr Bruder Ludwig Rudolphi und der bekannte Hamburger Pädagoge Johann Heinrich von Campe befürworteten das Unternehmen, um ein weibliches Pendant zu Campes Knabenschule zu haben.

Campe war etwa zeitgleich mit vier Zöglingen nach Trittau umgesiedelt, um seine pädagogischen Entwürfe im ländlichen Leben zu erproben. Carolines Bruder war als einziger Lehrer von Campes Hamburger Schule, dem »Philantropin«, mitgezogen. Er hatte bereits in den Siebziger Jahren den Kontakt zu dem Pädagogen hergestellt, der die wegweisende erziehungstheoretische Schrift des 18. Jahrhunderts, Jean-Jacques Rousseaus *Emile* von 1762, für seine Volksschule aufgegriffen hatte. Das Rudolphi'sche Erziehungsinstitut war in einer Rauchkate untergebracht. Es war eine hundert Jahre alte Hütte, in der die Mädchenkolonie ein einfaches Leben aufbaute. Die pädagogische Einrichtung war im Sinne einer erweiterten Familie konzipiert, in der Rudolphi die zentrale Person war. Sie unterrichtete in den elementaren Fächern, dem Lesen und Schreiben, gab Stunden in Handarbeiten und französischer Konversation und schulte die Empfindungen der Mädchen mit der neuesten Literatur. Damit stimmte Rudolphi mit der Rousseau'schen Forderung einer Mädchenbildung überein, die das weibliche Geschlecht zum Weibe erzog, eine Wesensschulung vornahm zur »Bestimmung« für Mann, Haus und Mutterschaft.

Über dieses Konzept hinausgehend bot Rudolphi den Unterricht in wissenschaftlichen Fächern wie Naturgeschichte, Geografie, Astronomie, Rechnen oder Religion an; ihr Bruder war hierfür der Fachlehrer. Rudolphis Erziehungskonzept schloss die Entwicklung der weiblichen Seele ein, beschränkte sich aber nicht darauf. Im Sinne der Aufklärung vertrat sie eine Menschenbildung durch Wissen, der einer Wesensschulung von »Weibern« nicht widersprach. Nur Bekanntes könne beurteilt und behandelt werden. Deshalb ermöglichte sie auch ein Kennenlernen der Geschlechter unter Aufsicht der Lehrkräfte, denn »nur auf dem Wege der eigenen Erfahrung können Mädchen vor dem Zustande konventioneller Puppen bewahrt werden«.

Als die Röperts ihren Zahlungen für die Töchtererziehung nicht mehr nachkamen, zog Rudolphi mit ihrer Einrichtung nach Billwärder bei Hamburg, erweiterte das Erziehungsinstitut und nahm weitere Schülerinnen auf. Bereits nach einem Jahr verlegte sie ihr Institut 1785 nach Hamm bei Hamburg. Es wurde zum ländlichen Anziehungspunkt für das gelehrte wie für das vornehme Hamburg.

Klopstockfreundin und das Hammer Mädchenpensionat

Durch ihre Gedichte berühmt, galt die Rudolphi als geistreich, hatte Zugang zu den Gebildeten und gehörte als Zugezogene wie Lessing dem äußeren Zirkel des Reimarus-Kreises an. Der innere Kern bildete sich um die Familien Reimarus, Sieveking, Bach und Klopstock, die sich allesamt als religiös freidenkende und aufgeklärte Bürger der vorrevolutionären Gesellschaft verstanden. Sie zeichneten sich durch Toleranz gegenüber anderen geistigen Entwicklungsrichtungen aus. Rudolphi war seit ihrer Jugend eine Verehrerin von Klopstock und wurde durch den direkten Austausch mit ihrem literarischen Vorbild angeregt.

Das Gebäude in Hamm bot für vierundzwanzig Schülerinnen in den Altersjahrgängen von sechs bis einundzwanzig Jahren Platz.

Ein Schulgeld von jährlich 200 Talern nach hamburgischem Umlauf war für den Unterricht zu zahlen und weitere 100 Taler für außerordentliche Ausgaben wie Stunden in zusätzlichem Fremdsprachenunterricht. Ihre Schülerinnen kamen aus ganz Deutschland, es waren Töchter des Bildungsbürgertums und des Adels. Einigen Schülerinnen aus sozial schwach gestellten Familien bot Rudolphi einen Freiplatz, damit sie bei ihr das Selbststudium absolvieren konnten, um künftig als Gouvernante arbeiten zu können. Das Renommée ihrer Einrichtung ermöglichte ihr, neue Zöglinge vor der Annahme genau zu überprüfen.

Als pädagogisches Konzept einer häuslichen und außerhäuslichen Erziehung praktizierte Rudolphi einen gemeinsamen Unterricht verschiedener Altersgruppen. Sie förderte das Erziehen der jüngeren Kinder durch Mädchen, die über fünfzehn Jahre alt waren. In ihrem späteren Lehrbuch formulierte sie das Erziehen jüngerer Geschwister durch die ältere Haustochter in Absprache mit der Mutter als allgemeinen »geheimen Rath«, das heißt als bewährte Praxis. Grundsätzlich bemühte sie sich um eine familiäre Atmosphäre. Rudolphi unterrichtete in Deutsch, Französisch und Englisch, so dass die Mädchen vom Blatt aus einem englischen Buch ins Französische übersetzen konnten. Daneben gab es musischen und künstlerischen Unterricht unter anderem von Elise Reimarus. Den religiösen und wissenschaftlichen Unterricht erteilten Fachlehrer. Die Geschwister teilten sich die Unterrichtsfächer nach geschlechtstypischen Modellen auf. Die Fächer waren in die weiblich musischen und die männlich wissenschaftlichen Arbeitsbereiche verteilt. Ihr Bruder war wieder Fachlehrer an ihrem Pensionat.

Rudolphis Selbstentwurf als Erzieherin übertrat nicht die Grenzen ihrer Zeit, sie schöpfte die zugewiesenen Bereiche der Frauen aus und vermied es, in Konkurrenz zu den männlichen Pädagogen zu treten. Sie war keine kämpferische Pädagogin wie ihre Bekannte, die Hamburgerin Amalia Holst, die 1802 in ihrer Schrift *Über die Bestimmung des Weibes zur höheren Geistesbildung* eine egalitäre wissenschaftliche Bildung der Kinder forderte und die Unterschiede zwischen Knaben- und Mädchenbildung zurückwies.

Als Rudolphis Bruder verstarb, musste sie negative Erfahrungen mit den männlichen Fachlehrern machen. Zum einen war es für Akademiker nicht lukrativ, an einer privaten Mädchenschule zu unterrichten, so dass häufiger Wechsel des Lehrer nahelag. Zum anderen brachten die Fachlehrer Dassel und Benzenberg die Institution als solche in Verruf und griffen sie an.

Nach seinem Ausscheiden veröffentliche der Theologe Dassel 1796 sein Schreiben *Über weibliche Erziehungsanstalten*. Darin rechnete er mit der gesamten außerhäuslichen Mädchenerziehung harsch ab, denn allein die familiäre Erziehung hatte für ihn moralischen Wert. Erziehungsleistungen gegen Entgelt kritisierte er aufs Schärfste und griff damit auch Rudolphis Lebensweg an. Als geschulte Erzieherin befand sie sich im Legitimationsdruck gegenüber der »natürlichen Bestimmung des Weibes zur Mutterschaft«, ein Thema, das sie später in ihrem Erziehungsroman von 1807 theoretisch und literarisch verarbeitet. Dassels Nachfolger Benzenberg, ein Physiker und Theologe, gefährdete die Schule, weil er eine Liebesbeziehung zu einer Schülerin aufgenommen hatte, eine Verlobung aber von den Eltern nicht erlaubt wurde.

»Weiblicher Sokrates«

Angegriffen war nicht nur die Reputation des Rudolphi'schen Institutes, sondern auch die ökonomische Situation. 1793 bewahrte Graf Münster-Meinhövel Caroline Rudolphi vor dem existenziellen Ruin. Er erwarb das großflächige Anwesen, initiierte die Trennung von Land und Gebäude, schenkte der Rudolphi das Haus zur lebenslangen kostenfreien Nutzung, während der Komplex Eigentum der Sievekings wurde. Das Eingreifen des Grafen geht vermutlich auf die Initiative seiner Ehefrau Amalie, der langjährigen Freundin von Caroline Rudolphi zurück. 1796 veröffentlichten beide Frauen ihre Gedichte, in denen sie ihr Freundschaftsempfinden literarisch schilderten und ihre Liebe öffentlich im Wechsel von Rede und Gegenrede dokumentierten. In »Amaliens poetische Versuche« erklärte sich die Gräfin durch Carolines Freundschaftskult ermutigt, sich ihr zu nähern.

Sie wünschte sich, einen Freundschaftsbund mit ihr zu schließen, der einer sakramental gestifteten Ehe ähnelte. Rudolphi reagierte in ihrer *Neuen Sammlung von Gedichten* mit »An Amalie. Im Juny 1795«.

Nach einem Besuch der Rudolphi'schen Einrichtung, ihres »Vestatempels«, prägte der Philosoph Reinhold die Beschreibung der Rudolphi als »weiblichen Sokrates«. Der Freund aus dem toleranten Hamburger Milieu brachte dies im Reimarus-Kreis in allgemeinen Umlauf. Damit huldigte er der breitgefächerten Intelligenz der Dichterin und Pädagogin. Möglicherweise zielte die Bezeichnung auch auf das griechische Vorbild ihres Lebens- und Erziehungsmodells. Denn Sokrates war gebildet und knabenliebend. Griechische oder sokratische Liebe waren um 1800 die gebräuchlichsten Benennungen für gleichgeschlechtliches Begehren und Handeln.

Obwohl sich Rudolphi wie Karsch mit der antiken Sappho identifizierte und sich als frauenliebende Lyrikerin im Kreise von Schülerinnen inszenierte, machte sie diese griechische Tradition nicht offen kenntlich. Vielmehr wird Sappho bei ihr zum thematischen Code und ihr Name zum Tabu.

In ihrer Autobiografie erfährt man nichts über die besondere Freundschaft und Liebesbeziehung zu Gräfin Münster-Meinhövel. Die Schulgründerin und gefeierte Dichterin verschwieg diese zentrale Bezugsperson komplett. Vielfache Quer- und Gegenzeugnisse belegen ihre Beziehung. Möglicherweise hüllte sich der 1802 begonnene Lebensbericht aus Rücksichtsnahme auf die Qualität ihrer Freundschaft in Schweigen. Dass ihre Beziehung wohl eine Lebenspartnerschaft darstellte, scheint eine plausible Vermutung. Als die Gräfin 1801 verwitwete, zog Münster-Meinhövel zu Rudolphi und lebte mit ihr, bis sich die Wege der beiden wieder trennten. Münster-Meinhövel gründete 1804 in Kopenhagen ein Mädcheninstitut. Rudolphi zog bereits 1803 in Begleitung der Haushälterin, des Verlegers Johann Georg Zimmer und mit Schülerinnen nach Heidelberg.

»Gemälde weiblicher Erziehung«

Im August 1803 kam die Reisegruppe in der alten Kurpfalz an. Rudolphi eröffnete ihr Mädcheninstitut mit dem in Hamburg bewährten Konzept der Wesens- und Wissensschulung von Mädchen. Das Heidelberger Pensionat war zunächst kleiner, da nur zwölf Mädchen gemeldet waren, die mindestens drei Jahre in der Einrichtung verweilten.

Die Dichterin wurde von den gebildeten Kreisen der Stadt willkommen geheißen. Warum sie Heidelberg ausgewählt hatte oder wer ihr beim Erwerb des Gebäudes half, ist ungeklärt. Sie traf zu einer Zeit in der Universitätsstadt ein, als die Reorganisation der Universität parallel zum Aufbau des neuen Großherzogtums Badens verlief. Bereits ein Jahr nach ihrer Ankunft hatte Rudolphi einen festen Tag für ein geselliges Zusammensein eingerichtet. Sonntag abends war ihr Jour fixe, die Heidelberger Geistesgrößen kamen und die Zöglinge saßen am Rande und beobachteten das Gesellschaftsleben beim Handarbeiten. Als gewandte Stimmen in dem Kreise zu hören waren, etablierte sich ein Mädchenchor, den Thibaut anleitete und der Vorläufer seines berühmten Singkreises war. Seit seinem Göttinger Musenalmanach von 1780 hatte die Institutsleiterin Kontakt zu Johann Heinrich Voß. Der Homerübersetzer war ebenfalls Gast ihres Salons. Sein Sohn war ihr Hauslehrer und dessen Frau war ihre Schülerin gewesen. Kirchenrat Schwarz besuchte sie, der ein Jahr nach ihr gekommen war und seine private Knabenschule eröffnet hatte.

1805 schrieb Rudolphi »Ist auch Freundschaft unter den Weibern?«. Sie griff ihr lyrisch behandeltes Thema des Freundschaftsbundes unter Frauen auf theoretischer Ebene auf und schilderte verschiedene Problemfälle wie Freundschaften zwischen alten und jungen Frauen und plädierte für eine Erziehung, die Offenheit und Begegnung mit anderen ermöglichte.

Betty Gleim hospitierte im Rudolphi'schen Pensionat in Heidelberg, bevor sie 1806 in Bremen ihre höhere Lehranstalt für Mädchen gründete. Beide Pädagoginnen gingen von einer strengen Gleichwertigkeit der Geschlechter aus. In der lehrpraktischen Umsetzung kritisierte Gleim die fast dreißig Jahre ältere Kollegin.

Rudolphi legte Wert auf eine Kombination von geschlechtsspezifisch getrennter Bildung mit partieller Teilhabe von Mädchen an der allgemeingültigen männlichen Bildung. Gleim forderte und praktizierte hingegen eine strengere wissenschaftliche Ausbildung für Mädchen, die sich am männlichen Standard orientierte.

Brentano lobte die Dichterin als Pädagogin mit dem Bild der »wohlwollendsten Fee« und gab seine Stieftochter Hulda Mereau in ihre Obhut. Gelegentlich kam er zu ihr in die Schule, um als Lehrkraft zu wirken. Rudolphi vermittelte den Kontakt zwischen Zimmer, Brentano und Arnim, so dass diese das *Wunderhorn* 1806 als erstes Buch im neuen Heidelberger Verlag herausgaben. Die Dichterin an der Schnittstelle von Klassik und Romantik lieferte Gedichte für deren romantisches Fanal. Caroline Rudolphis Wunderhornbeitrag »Marienwürmchen« markierten Arnim und Brentano in ihrer Liedersammlung jedoch als mündlichen Beitrag. Ob sie den Beitrag der bekannten Dichterin mit System anonymisierten, wie sie es auch bei Gedichten von Auguste Pattberg taten, wäre eine interessante Frage. Rudolphis Nachlass belegt eindeutig ihre Urheberschaft.

In ihrem vierten Heidelberger Jahr legte Rudolphi ihr Kompendium zur weiblichen Erziehung vor. Sie kam dem langjährigen Drängen ihres Kollegen Campe nach, der nach der gemeinsamen Zeit in Trittau 1789 seinen *Väterlichen Rat an meine Tochter* geschrieben hatte. Darin prägte er die Trias der weiblichen Bestimmung zur »Gattin, Mutter und Hausfrau«. Als Rudolphi ihr *Gemälde weiblicher Erziehung* 1807 als zweite Veröffentlichung von Zimmer und Mohr herausbrachte, galt die Arbeit sofort als weibliches Pendant zu Rousseaus *Emile* und Pestalozzis *Lienhard und Gertrud*. Diese Schriften bildeten die Leitlinien der zeitgenössischen Erziehung Ende des 18. Jahrhunderts. Rudolphis Werk wurde mit ihnen gleichgestellt. Sie reflektierte darin ihre Erfahrungen aus fünfundzwanzig Jahren Mädchenerziehung, als Lehrerin und als Schulleiterin. Das Werk fand internationale Resonanz; bis 1857 wurde ihre Arbeit viermal aufgelegt und in mehrere Sprachen übersetzt.

Romantikerstreit

Als »Krone Heidelbergs« hochgelobt, wurde Rudolphi 1807 vom Podest gestoßen. Ihr Erziehungskonzept veranlasste Georg Reinbeck im November zu einer anonymen Schmähschrift gegen Rudolphi. Im Stuttgarter Morgenblatt Nr. 277 veröffentlichte er bei Cotta einen massiven Angriff gegen ihr Institut und ihre Person als Dichterin und Pädagogin: Sie würde »Mondwandlerinnen« und »Nervenschwächlinge« erziehen und habe in einer Universitätsstadt eine Mädchenbildungsanstalt eingerichtet, die den Nachwuchs sittlich gefährde. Das Bildungsziel, Mann und Kinder zu beglücken, sei in ihrer Einrichtung nicht zu ersehen. Zwar habe sie in Hamm respektable Erfolge gehabt, doch habe ihr Bruder, ein gefeierter Dichter, die Leitung gehabt.

Reinbecks polemische Diffamierungen bildeten den Auftakt zum öffentlich ausgetragenen Heidelberger Romantikerstreit. Zwar gärte es schon seit Jahren latent zwischen den verschiedenen Richtungen, doch nun traten die Gegensätze offen zutage. Der Affront gegen Rudolphi führte Joseph Görres zu einer geflügelten Verteidigung für die Pädagogin. Die hitzige Fehde zwischen den Vertretern des Rationalismus um Voß senior, Cotta, Reinbeck und der Romantik, wie Creuzer, Daub und Görres, war eröffnet. Görres veröffentlichte eine Erklärung zur Ehrenrettung Rudolphis mit der Unterschrift von achtzehn bekannten Männern im *Rheinischen Bundesblatt* und erregte damit deutschlandweit Aufsehen. Von verschiedenen Universitäten folgten Referenzen für Cottas *Morgenblatt*, für das berühmte Autoren arbeiteten. Einige der Unterzeichner distanzierten sich daraufhin von ihrem Vorstoß für die Rudolphi.

Am Ende bewirkte der Streit, dass Reinbecks Schriften gedruckt waren und Cotta seine Verlegerposition mit dem *Morgenblatt* behauptete. Die geplante Einsiedlerzeitung von Görres, Arnim und Brentano konnte in ihrer Umsetzung kein Gegengewicht zu Cottas Journal etablieren. Zimmer und Mohr stellten sie bald ein. Mit dem Weggang des Triumvirats von Arnim, Brentano und Görres war die Front der männerbündischen Romantik aufgebrochen. 1808 kehrte wieder Ruhe in Heidelberg ein.

Doch die tolerante Geselligkeit war dahin. Für die Rudolphi hatte der Streit schmerzliche Folgen. Ihre Position als tolerante Künstlerin, die mit beiden Richtungen verkehrte, war nicht erwünscht. Noch 1810 wurde sie anonym als »Landesrabbinerin« diffamiert. Der antisemitische und frauenverachtende Angriff verletzte Rudolphi existenziell. Es blieben nur noch wenige Vertraute.

1811 brach die Einundsechzigjährige zu einer Reise in die Schweizer Berge auf. Möglicherweise besuchte sie Pestalozzi. Als sie nach Heidelberg zurückkehrte, war sie erschöpft. Am zweiten Ostertag 1811 verstarb sie in ihrem Garten im Kreise ihrer Schülerinnen und wurde unweit ihrer Schule auf dem Friedhof der Providenzkirche begraben.

Ihre Schülerin Emilie Heins aus Hamburg übernahm die Leitung des Erziehungsinstitutes. Sie wurde von ihrer Schwester Elise Bartholomai unterstützt. Das Pensionat bestand bis in die vierziger Jahre des 19. Jahrhunderts.

»Einziger Mann Badens« in der Auseinandersetzung mit Napoleon

Markgräfin Amalie von Baden

(1754–1832)

Amalie von Baden bot Napoleon die Stirn, denn dieser versuchte, ihr ebenbürtig zu sein. Amalie verkörperte wie kaum eine andere Königliche Hoheit ihrer Zeit das alte, das feudal-absolute Europa. Sie initiierte für ihr Haus, der alten genealogischen Ordnung folgend, Verbindungen zum elitären Kreis der regierenden Herrscherhäuser. Ovids Ausspruch, dass in der Politik besser geheiratet denn Krieg geführt werde, hatte einst die österreichische Heiratspolitik mächtig werden lassen – und so konnte auch das »glückliche Baden heiraten«. Amalie wurde durch ihre Politik zu einer vielbeachteten »Schwiegermutter Europas« wie sie von Zeitgenossen genannt wurde.

Als sie aber 1806 Schwiegermutter von Stephanie de Beauharnais, der Adoptivtochter Napoleons, werden sollte, agierte Amalie von Baden ganz entschieden gegen diese Verbindung. Für sie war es nicht zu akzeptieren, dass ihr einziger Sohn und Thronfolger Karl diese französische Frau heiraten sollte, denn eine solche Ehe war nach dynastischen Regeln nicht ebenbürtig. Napoleon war zwar als Militär erfolgreich und hatte sich durch die Revolution und durch die Kriege zu einem mächtigen Mann emporgekämpft. Aber das war für Amalie nicht relevant, denn in ihrer Welt der europäischen Adelshäuser war noch immer allein der Name entscheidend. Dass Amalie überhaupt eine Heidelbergerin werden konnte, die im Rohrbacher Schloss residierte, geht im Übrigen auch auf die napoleonischen Kriege und deren Folgen zurück: Die alte Kurpfalz wurde 1802/03 aufgeteilt und Baden beziehungsweise Bayern zugesprochen.

Nach Stirnbrand u. unter dessen Leitung gez. v. Chr. Hängler — Lithographie v. C. F. Müller in Carlsruhe

AMALIE

Markgraefin zu Baden

Repräsentantin des Alten Europas

Amalie Friederike wurde 1754 als Prinzessin von Hessen-Darmstadt geboren. Ihre Eltern waren der spätere Landgraf Ludwig IX. und seine Frau Henriette Caroline, die wegen ihrer enzyklopädischen Bildung zu den gelehrten Frauen zählte. Die Tochter entwickelte allerdings nicht die souveräne Intellektualität ihrer Mutter. Amalie hielt sich an normativen Formalien wie Etikette und Protokoll. Ihr Weltbild war konservativ auf die Erhaltung der Verhältnisse hin ausgerichtet. Schließlich war ihre Generation von den Forderungen nach »Freiheit, Gleichheit und Brüderlichkeit«, die vom aufstrebenden Bürgertum und sogar vom Volk mehr und mehr aufgebracht wurden, tief verunsichert. Die Generation von Amalie war nicht mehr so unangefochten, wie es ihre Elterngeneration in der Aufklärung noch hatte sein können.

Dem politischen Umsturz, wie ihn Amalie 1789 mit der Französischen Revolution schließlich erlebte, begegnete sie stets mit perfekter Contenance, mit Haltung. Es kam für sie nicht in Frage, einen Hofball wegen nahender französischer Revolutionstruppen abzusagen und damit vor den Umstürzlern zurückzuweichen und neue Verhältnisse anzuerkennen.

Ein Verlust der geschriebenen und ungeschriebenen Gesetze des Hochadels hätte Folgen, zumal für weibliche Adelige, denn eine Liberalisierung der bestehenden Verhältnisse war für sie um ein vielfaches gefahrenvoller als für männliche Familienangehörige. Frauen verloren im feudalen System durch eine nicht standesgemäße eheliche Verbindung ihren Titel und natürlich auch die damit verbundenen Privilegien. Im Extremfall hieß dies konkret, dass adelige Frauen durch eine Ehe mit einem bürgerlichen Mann ihre materielle Existenz verloren.

Bis zum Ende der monarchisch legitimierten Systeme folgten Heiraten in der hochadeligen Gesellschaft Gründen der Staatsraison. Sie waren politische, psychologische und ökonomische Verbindungen auf höchstem diplomatischen Niveau. Die Bedeutung der familiären Netze und des höfischen Systems von Abhängigkeit und Nutzniesung waren wichtig. Sie motivierten das Handeln der Beteiligten, so auch der Prinzessin Amalie und ihrer Mutter. Die

Landgräfin arrangierte 1773 eine Verbindung mit dem späteren Zaren Paul I. Der Sohn von Katharina von Russland wählte zwischen den drei hessischen Töchtern und entschied sich für Amalies jüngere Schwester Wilhelmine. Zarin Katharina, die selbst eine Prinzessin von Anhalt-Zerbst war, verhandelte mit der Landgräfin vor Ort, um das Geschäft zu beschließen. Vorab hatte schon Preußens König Friedrich II. zwischen dem großen Russland und dem mittelgroßen Hessen-Darmstadt vermittelt, denn ein Ziel dieses Bündnisses war es, ein Gegengewicht zum dominierenden Österreich aufzubauen. Außerdem erhoffte sich Hessen-Darmstadt, österreichische Schulden in Höhe von 2 Millionen Gulden, die seit 1648 ausstanden, mit den russischen Verwandten an ihrer Seite erfolgreicher einfordern zu können. 1773 erfolgte die Heirat und die Braut wechselte als Natalja Alexejewna in ihr neues russisch-orthodoxes Leben. Solch eine Veränderung erwartete ihre ältere Schwester Amalie, die im Folgejahr heiratete, nicht. Amalie erfüllte mit der Eheschließung ein Versprechen, das sie ihrer Mutter, die kurz nach der russischen Vermählung verstorben war, am Totenbett gegeben hatte. Noch im Trauerjahr heiratete Amalie ihren jüngeren Cousin Karl-Ludwig von Baden. Die standesbewusste Amalie wurde an seiner Seite zur Erbprinzessin und folgte ihm in die neu gestaltete Karlsruher Residenz, die noch keine sechzig Jahre alt war.

Badische Erbprinzessin in Karlsruhe

In Karlsruhe herrschte ihr Schwiegervater, der Markgraf Carl Friedrich von Baden. Er war eine beeindruckende und sparsame Persönlichkeit. Während seiner neunundsechzig Jahre währenden Regierungszeit lenkte der Souverän Baden im Übergang von der »Alten zur Neuen Zeit«, von der altadeligen feudalen Ordnung zum bürgerlich parlamentarischen Nationalstaat: Schon vierzehnjährig hatte er sein Erbe als Markgraf angetreten, nachdem ihn der Kaiser für mündig erklärt hatte. Nachdem er rund dreißig Jahre regiert hatte, verdoppelte sich 1771 sein Herrschaftsgebiet. Damals fiel seiner evangelischen Linie von Baden-Durlach per Erbvertrag nach zweihundertsechsunddreißig Jahren Trennung die katholische Markgrafschaft von Baden-Baden zu. Drei Jahre später kam die junge Erbprinzessin in Karlsruhe an und lernte eine sich neu strukturierende, heterogen zusammengestückelte Herrschaft kennen.

Die aufstrebende Fächerstadt Karlsruhe wurde ihre neue Heimat. Später, als Witwe, kamen Bruchsal und Rohrbach als Wohnsitze hinzu. Ihre Schwiegermutter Caroline-Luise von Baden war selbst auch eine geborene Prinzessin von Hessen-Darmstadt. Sie war die Schwester von Amalies Vater und damit ihre leibliche Tante. Die Landesfürstin war eine enge Freundin von Amalies Mutter gewesen und war ebenfalls hoch gebildet. Sie etablierte Karlsruhe als sogenannten »Musenhof« und legte mit ihren kunst- und naturwissenschaftlichen Sammlungen die Basis für das heutige Profil von Karlsruhe als Technik- und Kunststadt. Amalie, die junge Schwiegertochter, war an den gelehrten Bestrebungen und am internationalen Austausch allerdings nicht interessiert. Caroline Louise wird als beeindruckende Persönlichkeit beschrieben: »tiefes, festes Auge unter einer hohen [...] Stirn, eine treffliche Sprache, gesetzgebieterisch, königlich«. Fragen nach Schönheit, Eleganz oder gar nach Sentiment standen bei Caroline-Luise außerhalb jeglicher Relevanz, dies waren Themen der folgenden Generation wie der von Amalie. Die Schwiegermutter gehörte noch ganz der aufgeklärten Klassik an und nicht der Empfindsamen Zeit, die einem Weiblichkeitsideal von hoher Gefühlsintensität huldigte. Bereits 1783 verstarb die körperlich durch Darm- und Verdauungskrankheiten geschwächte Markgräfin. Als Referenz an die geliebte Verstorbene hob der trauernde Carl Friedrich noch in ihrem Todesjahr die Leibeigenschaft in Baden auf – das war bahnbrechend für den Südwesten und einzigartig. In den folgenden dreiundzwanzig Jahren nahm die Erbprinzessin Amalie den Rang ihrer verstorbenen Schwiegermutter ein. Fortan erfüllte sie die Aufgaben der ersten Dame des Landes an der Seite ihres verwitweten Schwiegervaters – nicht als Landesfürstin, sondern als Schwiegertochter und Erbprinzessin.

Dies änderte sich auch nicht durch die Tatsache, dass der Landesherr vier Jahre nach dem Tod seiner ersten Frau eine zweite

Ehegemeinschaft einging. Amalie förderte diese Verbindung gezielt für ihren älter werdenden Schwiegervater. Die zweite Frau, Luise-Caroline Geyer von Geyersberg, war ihre Hofdame. So kam allerdings eine asymmetrische Konstellation zustande, denn die dreiunddreißigjährige Amalie erhielt eine fast dreizehn Jahre jüngere Schwiegermutter von niederadeliger Herkunft, die bis zur Heirat direkt von der Erbprinzessin abhängig gewesen war.

Per »Contract« und in aller Stille ohne internationale höfische Resonanz wurde 1787 eine sogenannte »Ehe zur linken Hand« geschlossen. Dies bedeutete, dass sie rechtskräftig, aber nicht ranggleich war. Die Erbprinzessin Amalie behielt infolgedessen ihren Rang der ersten Dame des Landes, wie vor dieser Verbindung. Die Ehefrau des Landesherrn durfte nämlich keinen Titel – etwa den der Landesfürstin – führen. Sie war protokollarisch nachrangig und außerdem hatte solch eine morganatische Ehe Konsequenzen für die Nachkommen: Gemeinsame Kinder mit dem Landesherren waren zwar legitim und vom Markgrafen auch anerkannt, aber sie waren nicht sukzessionsfähig, das heißt die Söhne waren von der Erbfolge ausgeschlossen. Aber diese Konstellation von Kindern aus zwei Ehen – von denen die aus erster Ehe erbberechtigt waren, die der anderen aber nicht – war durchaus schwierig und es wurde vermutet, dass die Kinder oder die Frau zur »linken Hand« gegen diese Demütigung agierten und die Erbfolge der alten badischen Linie vereitelten.

Erbprinzessin Amalie war ihrer biologischen Aufgabe, das Land dynastisch zu erneuern, längst nachgekommen. In vierzehn Ehejahren mit dem gutmütigen Erbprinzen Karl-Ludwig hatte sie ihre führende Position durch die Geburt von sechs Töchtern und einem Sohn festigen können. Offiziell blieb sie die weibliche Repräsentantin des Staates und hielt im Schloss *cour*, das heißt sie gewährte fürstliche Nähe. Ihre Hofdame Caroline von Freystedt schilderte in ihren Erinnerungen eindrücklich, wie die Erbprinzessin empfing, etwa zum privilegierten Spiel oder zu festlichen Bällen einlud.

Das höfische Protokoll wies der zweiten Ehefrau des Landesherrn und deren vier Kindern einen Rang gemäß des niederen Herkunftsstandes zu; *cour* zu halten kam nicht in Frage. Luise-Caroline litt unter den diskriminierenden Verhältnissen und wehrte sich. Eine verbesserte Position der ehemaligen Hofdame oder ihrer Kinder war für Amalie jedoch kein Thema.

Erst nach neun Jahren entschärfte sich die Situation für Luise-Caroline Geyer von Geyersberg. Ihr Kampf war schließlich erfolgreich und sie erhielt ein kaiserliches Diplom, das dem Gesuch des Markgrafen von Baden stattgab und seine zweite Frau in den Rang einer Reichsgräfin von Hochberg erhob. Als solche konnte sie zur Stammmutter der neuen Badischen Linie werden. Diese Rangerhöhung stellte natürlich einen heftigen Affront für Amalie dar. Sie dachte in den Wertkategorien des Ancien Régime, wonach Liebe, Leidenschaft, Ehe, Sexualität und Nachkommenschaft strikt voneinander getrennt wurden. Danach kamen zwar Liebe und Leidenschaft vor, sie waren aber kein Grund für eine vollgültige Ehe mit erbberechtigter Nachkommenschaft. Eine soziale Rangerhöhung durch Heirat war eigentlich nicht möglich – schließlich konnte der Kaiser nur eine begrenzte Anzahl an Titeln vergeben.

»Schwiegermutter Europas«

Ab 1793 arbeitete Amalie systematisch daran, die badische Dynastie zu vergrößern und ihre Kinder mit alteingesessenen Häusern zu verheiraten. Sie strebte nach Herrschaft, die sich mit Territorialbesitz und Erbfolge legitimierte. Und sie begann mit einem beachtlichen Coup, denn sie wurde zur Schwiegermutter des nachmaligen Zaren Alexander II. von Russland. Bis 1806 folgten Verbindungen mit den Königen von Bayern und Schweden, dem Großherzog von Hessen und dem Herzog von Braunschweig. Dies waren durchweg exklusive Herrscherhäuser.

Zu dieser Zeit erlebte die Markgrafschaft große Umbrüche, die das randständige Grenzland zum Kurfürstentum des Heiligen Römischen Reiches Deutscher Nation werden ließen. Und schließlich wurde Baden im Zuge von Revolution und napoleonischem Hegemonialstreben zum Großherzogtum erhoben. Als Napoleon 1806 seine »Flurbereinigung« im Südwesten vollzogen hatte, war der mittelalterlich konstituierte Staatenbund aufgelöst worden. Mit der Auflösung der Kurpfalz gewann Baden die ehrwürdigen Residenzstädte Mannheim und Heidelberg dazu, der neu entstandene Mittelstaat war in Bezug auf seine Fläche und auf die Zahl der Untertanen um ein Vielfaches größer als zuvor.

Amalie bekleidete unangefochten den Rang der Erbprinzessin. An der Seite ihres Mannes war sie bis 1801 Anwärterin auf das Hoheitsgebiet gewesen, aber der Unfalltod von Erbprinz Carl-Ludwig veränderte ihre Welt urplötzlich. Ihre Zukunftspläne ließen sich nicht verwirklichen, denn als Witwe konnte sie nicht aus eigenem Recht, sondern allein mittelbar durch ihren Sohn oder dessen künftige Gattin Einfluss nehmen. Und gerade in diesem Bereich wurden ihre Interessen durch Napoleon und dessen Heiratspolitik unterwandert.

Bonaparte wollte seine Adoptivtochter Stephanie de Beauharnais mit dem Erbprinzen, Amalies einzigem Sohn, verheiraten. Unerschrocken und beharrlich widersetzte Amalie sich gegen diese Heirat. Ihr Widerstand gegen die Wünsche von Napoleons Gnaden beeindruckte sogar den selbstgekrönten Kaiser der Franzosen. Höchstpersönlich kam Bonaparte im Januar 1806 nach Karlsruhe, um Amalie selbst in Augenschein zu nehmen und mit ihr zu verhandeln. Er würdigte die klare Ablehnung seines Heiratplanes als Interessensvertretung für Baden. Respektvoll benannte er seine zähe Widersacherin als »einzigen Mann am Badischen Hofe«. Verhindern konnte Amalie sein System allerdings nicht. Im April 1806 heirateten Stephanie de Beauharnais und Erbprinz Karl von Baden in Paris. Und bis heute gibt es viele Geschichten und Anekdoten um dieses Paar, denn es wird vermutet, dass der erstgeborene Sohn aus dieser Verbindung der mysteriöse Kaspar Hauser war, ein Erbprinz, den die eigenen Verwandten aus Machtgier ermorden ließen.

Amalie musste sich der Heirat beugen. Sie hatte ihren Witwensitz im Schloss Bruchsal zu beziehen und das Zentrum der Macht, den Hof, zu verlassen. Ihre Heiratspolitik, die sie als feste Vertreterin des alteuropäischen Ständesystems aufgebaut hatte, erhielt durch die skandalöse Verbindung einen vernichtenden Makel: Das vom übermächtigen Frankreich bedrohte Land konnte nun zwar weiterexistieren und weiterpaktieren, das Haus Baden aber hatte dadurch seine Reputation beschädigt.

Amalie stand mit ihrer Ablehnung gegen dieses Phänomen der Neuen Zeit nicht alleine da. Clemens von Brentano, ein Sprachrohr der Heidelberger Romantiker beispielsweise, bekundete in seinem Lied »Einzug eines Studenten in Heidelberg« sein vielfaches Hoch auf das markgräfliche Hochzeitsfest, wobei sein »Hoch« ironisch zu lesen war. Die romantische Antwort auf die alles auflösenden gesellschaftlichen Umbrüche jener Revolutionsjahre war eine Rückbesinnung auf ein spekuliertes Mittelalter und eben kein gestaltender Aufbruch in eine bürgerliche Zukunft gewesen.

Für Amalie von Baden mag es ein Trost, vielleicht auch eine Anerkennung gewesen sein, dass man ihr den sie erhöhenden Titel einer Markgräfin zugesprochen hatte. Höfische Zeremonien und persönliche Begegnungen mit der französischen »Kaiserlichen Hoheit« boykottierte sie dennoch demonstrativ.

Das Rohrbacher Schlösschen unter Amalie

Die vollzogene Heirat von 1806 war für Amalie eine Katastrophe. Ein Zufluchtsort in dieser Zeit war für sie das Rohrbacher Schlösschen, das sie erst drei Jahre vor der Skandalhochzeit von ihrem bayerischen Schwiegersohn und ehemaligen Schwager geschenkt bekommen hatte. Die Markgräfin ließ das Gebäude wahrscheinlich vom Karlsruher Hofarchitekten Weinbrenner klassizistisch umgestalten. Mit einem stattlichen Vorbau mit Dreiecksgiebel, Schmuckfries und dorischen Säulen, die den Balkon der Beletage tragen, entstand eine repräsentative kleine Schlossanlage. Und ein Hauch von Residenzluft wehte nun von der selbstständigen Gemeinde Rohrbach nach Heidelberg, das längst keine Residenzstadt mehr war.

Vom Rohrbacher Schlösschen holte ihr Sohn Karl sie 1806 mit der Kutsche ab, als es zu einer ersten eisigen Begegnung mit der neuen ersten Dame des Landes kommen sollte. Amalie änderte ihr Verhalten gegenüber ihrer Schwiegertochter Stephanie auch in den folgenden sieben Jahren nicht und nur wenig, nachdem Stephanie die Position einer regierenden Landesfürstin an der Seite ihres Sohnes Karl einnahm und damit den Rang bekleidete, der Amalie verwehrt geblieben war.

In Rohrbach jedenfalls hielt die Markgräfin Amalie von Baden Hof, gewissermaßen, denn der Hof war in Karlsruhe. Amalie aber hatte weder das biologische Geschlecht noch den gesellschaftlichen Rang, um dem Protokoll entsprechend Hof halten zu können.

Im Juni 1815 bat die Markgräfin zu einer denkwürdigen höfischen Tischgesellschaft: Vom Heidelberger Hauptquartier kommend, traf ihr Schwiegersohn Zar Alexander mit Kaiser Franz von Österreich zusammen. Es herrschte erneut Krieg gegen Napoleon und die Männer schmiedeten die später siegreiche Heilige Allianz gegen den Kaiser der Franzosen.

Für das Haus Baden entstanden durch die Ehe von Karl und Stephanie nachhaltige Probleme: Der altbadischen Linie wurden nur zwei Söhne geboren, die beide im ersten Lebensjahr verstarben. Eine kompliziert erwirkte Sondererlaubnis, die die Hochbergischen Kinder sukzessionsfähig machte, sicherte zwar den weiteren Bestand der Dynastie, doch war diese innerlich und äußerlich bedroht, unter anderem auch durch Probleme wie jene, die mit Kaspar Hauser zusammenhingen.

Nach der sogenannten »Prinzentheorie« war der Sechzehnjährige, der 1828 in Nürnberg auf dem Unschlittplatz auftauchte, der legitime Erbprinz der Altbadischen Linie. Demnach entstammte der Findling der Ehe zwischen Stephanie und Karl von Baden, und sei als Säugling von der konkurrierenden Reichsgräfin von Hochberg vertauscht, geraubt und versteckt worden. Hauser wurde fünf Jahre nach seinem Auftauchen auf mysteriöse Weise ermordet. Einige Vermutungen gingen dahin, dass die neue badische Linie, die Hochberg-Linie, aus Gründen der Machterhaltung dafür verantwortlich sei. Schließlich hatte der Erstgeborene der Reichsgräfin erst drei Jahre zuvor die badischen Regierungsgeschäfte übernommen. Der Fall Kaspar Hauser jedenfalls ist bis heute ungeklärt.

Markgräfin Amalie war beim Auftauchen des vermeintlichen Enkels bereits vierundsiebzig Jahre alt und pflegte ihre Familiennetze. Regen Kontakt hatte sie mittlerweile auch zu den Kindern und Enkelkindern ihrer ehemaligen Hofdame und nachmaligen Schwiegermutter. 1819 hatte die Markgräfin sogar einer Verbindung beider badischen Linien zugestimmt und es kam zu einer badisch-zähringischen und badisch-hochbergischen Verbindungshochzeit. Ihre Enkeltochter, Sophie von Schweden, heiratete Leopold, den Erstgeborenen der Hochberg-Linie. Im Folgejahr verstarb ihre einstige Gegenspielerin Luise-Caroline von Hochberg. In den Jugenderinnerungen beschrieb der aus der zähringisch-hochbergschen Verbindung stammende nachmalige Großherzog Friedrich I. seine Besuche in der Kindheit bei ihr folgendermaßen: »Sehr innig war damals der Verkehr mit unserer Urgroßmutter, der Markgräfin Amalie [...] bei der wir einen großen Teil der älteren Familie trafen. Zu den Gästen, denen wir dort begegneten zählten das bayrische Königspaar mit seinen Töchtern« und sehr beliebt, schloss er an, seien die Besuche im Rohrbacher Schlösschen, dessen weitläufige Parkanlage ein Werk des berühmten Sckell war, des Gartenbaumeisters von Schwetzingen und des Englischen Gartens in München.

Als ihr kleines Schlösschen gar von den bürgerlichen Schelklys erworben wurde, war das längst nach ihrer Zeit. Für Amalie, die Repräsentantin des Alten Europas, wäre das nicht akzeptabel gewesen. Heute gehört das Schlösschen zur Heidelberger Thorax-Klinik.

»Ins Leben hineingeplumpst«

Die Briefeschreiberin Henriette Feuerbach (1812–1892)

Henriette Feuerbach war eine Vielschreiberin: Ihre Übersetzungen, Berichte und Aufsätze waren versiert, ihre Briefe stilistisch von literarischem Rang und in eindrücklicher Sprache verfasst. Sie zählt zu den Großen der Kunst der Briefkultur. Die Witwe des Archäologen Anselm Feuerbach sen. publizierte den Nachlass ihres Mannes sowie ihres Stiefsohnes, des Malers Anselm Feuerbach jun., dem sie mit der Herausgabe seiner Schriften ein Denkmal setzte. *Das Vermächtnis* ihres Stiefsohnes erlebte zwischen 1885 bis 1926 45 Auflagen und legte die Basis für seinen Ruhm. In Heidelberg hatte die hochtalentierte Pianistin einen musikalischen Salon etabliert, dessen Zentrum sie war.

»Ein Schauspiel zum Verzweifeln«

Henriette Feuerbach kam am 13. August 1812 in Franken zur Welt. Inmitten der Befreiungskriege gegen Napoleon wurde sie in den traditionsreichen Pfarrhaushalt Heydenreich hineingeboren. Im Alter von zwei Jahren verlor sie ihren Vater. Der schmerzliche Verlust und finanzielle Gründe bewogen die Mutter dazu, mit den Kindern zurück nach Ansbach zu ihrer Familie zu ziehen. Henriette wuchs in materiell bescheidenen Verhältnissen auf. Es war gewissermaßen eine Vorbereitung auf ihren kommenden Lebensweg, denn üppigen Wohlstand erlebte sie nie. Die geistigen Entwicklungsmöglichkeiten waren für sie im beschaulichen Ansbach hingegen immens. Henriette wurde mit ihren beiden älteren Brüdern erzogen und lernte ohne Mühe Latein und Griechisch. Daneben entfaltete sie ein überdurchschnittliches Talent beim Klavierspiel.

Die intellektuell und musisch hochbegabte junge Frau war mit Elise Feuerbach befreundet. Der Vater der Freundin war der berühmte Kriminalist Anselm Ritter von Feuerbach, der den Kriminalfall Kaspar Hauser erforschte. Elise war die jüngste der acht Feuerbach'schen Kinder. Durch sie lernte Henriette auch den ältesten Bruder Anselm kennen, der in der Familientradition wie sein Vater hieß. Ludwig Feuerbach, der als Religionskritiker bekannt werden sollte, wurde später Henriettes Schwager.

Anselm war jung verwitwet und vom Leben überfordert. Sein gefühlvolles Klavierspiel und die geistreichen und humorvollen Kommentare des Archäologen gewannen die junge Henriette für ihn. Im *Vermächtnis*, dem von ihr herausgegebenen Nachlass ihres Stiefsohnes, kommentierte der Sohn rückblickend, dass sich die Stiefmutter wohl mehr aus »grenzenlosem Mitleid« für den unpraktischen Mann und für dessen Kinder entschieden habe.

1834 heiratete Henriette den Witwer. Seine erste Frau Amalie, die seine große Liebe war, stand als trennender Geist zwischen den Eheleuten. Henriette zog mit ihrem Mann nach Speyer. Dort unterrichtete er die klassischen Sprachen am Gymnasium und fertigte seine bahnbrechende Studie über den Vatikanischen Apollo als archäologisch-ästhetische Betrachtung an. Das Buch über die klassische Plastik und das »Erhabene« wurde ein großer Erfolg. Der Autor wurde mit Lessing und Winckelmann verglichen und sah einer wissenschaftlichen Laufbahn entgegen. Doch seine Frau kannte den Preis des Erfolges: Seine hohen Anforderungen an das vergeistigte Arbeiten waren erdrückend und der Gymnasialprofessor wurde »gemüthskrank«.

Die Ehegemeinschaft war problematisch, »tausend und abertausend Tränen des Schmerzes und der Sehnsucht« habe sie geweint, schrieb sie ihrem Bruder nach den ersten beiden Ehejahren. Ihr Gatte war nach ihrer Einschätzung ein »Virtuose in der Selbstquälerei«. Tagelang nahm er keinen Kontakt mit seinem Umfeld auf, lebte neben ihr her. Henriettes Versuche, ein Gespräch mit ihm zu führen, waren erfolglos. Dazu kam das fordernde Wesen ihres heranwachsenden Stiefsohnes und die sich langsam ausbildende Schizophrenie ihrer Stieftochter. Der Freundin Emma Herwegh, eine der Frauen der 1848er Revolution, schrieb Henriette im Juni

1847 vom weiten Familiengefüge der Feuerbachs, das von Verfolgungswahn, Suizid und »Temperamentskrankheit« (Schizophrenie) geprägt sei. Das Familienleben erlebte Henriette als bedrückend, so, als ob ihr nach und nach die Lebenskraft entzogen würde.

1836 erhielt der Archäologe den ersehnten Ruf – nicht nach Heidelberg, sondern nach Freiburg. Dort arbeitete Anselm sen. in seinem Fach, das geistige Milieu der Stadt empfand er jedoch als beengt. Henriette baute einen geselligen Kreis auf, der geistiger und musischer Mittelpunkt wurde. Und sie begann zu schreiben. 1839 erschien ein anonymer Beitrag von Henriette Feuerbach bei Friedrich Kampe in Nürnberg. Ihre »Gedanken über die Liebenswürdigkeit der Frauen. Ein kleiner Beitrag zur weiblichen Charakteristik von einem Frauenzimmer« waren zum Teil Erinnerungen an die Freundinnen aus ihrer Jugend. Damit begann sie ihr publizistisches Werk. Henriette Feuerbach veröffentlichte zur Kultur sowie zur zeitgenössischen Literatur und Musik.

1840 reiste ihr Mann für elf Monate nach Italien. Endlich sah er seinen Apollo im Original und nicht nur als Gipsabdruck. Ergriffen von den erhabenen Originalen, aber krank kehrte er zur Familie zurück. In der folgenden Zeit distanzierte sich Henriette von ihrem an Schizophrenie erkrankten Mann. Sie wurde seine Pflegerin; eigene Kinder, das erkannte sie selbst, würde sie nicht haben. 1842 schrieb sie im Juli an ihren Bruder Christian: »Ich bin recht dumm ins Leben hineingeplumpst. Alles hätt' ich werden sollen, nur keine Frau. Im Gemüt zu weich, um willkürlichen Verletzungen Trotz zu bieten und doch wieder zu fest und eigensinnig, um mich geistig unterzuordnen, mit einer Menge Herzensforderungen und gänzlichem Mangel an Sinnlichkeit, bin ich geistig und körperlich nicht für die Ehe qualifiziert.«

Mit der künstlerischen Ausbildung des Stiefsohnes Anselm jun. begann für Henriette eine Lebensaufgabe. Die Stiefmutter setzte den Sohn in das Zentrum ihrer Gedanken, stellte die eigenen Bedürfnisse und auch diejenigen ihrer Stieftochter Emilie hintenan.

Ab 1845 besuchte Anselm junior in der politisch angespannten vorrevolutionären Zeit die Akademien in Düsseldorf, München,

Antwerpen und Paris. Sein Vater bemühte sich weiterhin um einen Ruf nach Heidelberg, doch zwei Tage vor Weihnachten 1846 kam die entscheidende Absage. Ein Ereignis, das ihn dauerhaft bedrückte und das sein instabiles seelisches Gleichgewicht belastete.

Während der Revolution war Henriette Feuerbach mit ihrer Stieftochter in Breisach am Rhein, um bei Auseinandersetzungen ins Elsass fliehen zu können. Obwohl sie mit Emma Herwegh befreundet war, behielt sie Distanz zum revolutionären Aufbruch, sah die Verluste und die katastrophalen Folgen für das Land. In ihren Augen war die Revolution ein »Bubenstück«. Anselm sen. war damals in die sichere Schweiz geflohen.

Die künstlerische Ausbildung des Sohnes war für die Familie kostspielig. Der monatliche Verbrauch des Malers entsprach dem des elterlichen Haushaltes von drei Personen. Zwar war Anselm begabt, aber er war kompliziert und exaltiert im Umgang. Der Künstler war von seinem Genie überzeugt, forderte teils überhöhte Preise, und brüskierte seine Kunden. Einen wirtschaftlichen Erfolg verzeichnete er mit seinen Bildern zu Lebzeiten nicht. Es waren oftmals jahrelange Wanderungen, die die großformatigen Bilder absolvierten, bis sie einen Ort und einen Käufer gefunden hatten.

1851 verstarb Anselm Feuerbach sen. mit 53 Jahren an einem Schlaganfall. Henriette war nun Witwe. Rückblickend hielt sie für ihre Ehe fest, dass »man [sie] sich an den Trübsinn so gewöhnen [könne], dass er einem zur Heimat wird«.

»Stiller anspruchsloser Sammlergeist«

Noch im Trauerjahr verließ Henriette Feuerbach Freiburg und zog nach Heidelberg. Mit ihrer Stieftochter wohnte sie ab 1852 in der Hauptstraße, im Kayser'schen Haus. Hier setzte Frau Gertrude Kayser durch ihren Unterricht und ihren Singverein wesentliche Akzente für das Heidelberger Musikleben. Ob Henriette Feuerbach eine aktive Teilnehmerin des Singvereins war, ist nicht geklärt. Gewiss war sie von diesem Angebot angezogen, denn die

Gelehrtenwitwe wandte sich nun ihren geistigen und musischen Möglichkeiten zu, die jahrelang brachgelegen hatten.

Henriette Feuerbach besuchte verschiedene Kollegien und auch Lehrveranstaltungen in Philosophie, Physik, Astronomie und Chemie; sie baute ihre klassischen und ihre modernen Sprachkenntnisse in Englisch und Spanisch aus. Die Stadt und deren besondere Atmosphäre war ihr von Besuchen und von Urlauben bekannt gewesen. Schon mit ihrem Mann hatte sie freundschaftlichen Verkehr mit dem radikaldemokratischen Philosophieprofessor Christian Kapp in Neuenheim auf dem Anwesen »Zum goldenen Waldhorn« gepflegt.

Als Witwe setzte Henriette Feuerbach alle Kräfte daran, die Existenz der Familie, vor allem den künstlerischen Weg des Stiefsohnes zu sichern. Sie arbeitete stundenweise als Klavierlehrerin, übernahm literarische und journalistische Arbeiten. Sie pflegte einen sparsamen Lebensstil, zeitweise lebte sie mit der Tochter auch in Armut. Weil sie sich finanziell kein Hausmädchen leisten konnte, übernahm sie körperlich harte Hausarbeit: sie brachte ihre Gardinen selbst auf, wischte die Böden und wurde von der Anstrengung krank. Der materielle Mangel stand in einem scharfen Kontrast zur Fülle der geistigen Welt ihres Lebensumfeldes. Sie berichtete, dass sie sich des öfteren »unter Büchern und Noten« gerettet habe, um sich von ihren Sorgen zu befreien.

1853 begann sie mit der Herausgabe der *Nachgelassenen Schriften* ihres Mannes. Den Titel ihrer ersten größeren Biografie hielt sie sachlich: *Anselm Feuerbachs Leben, Briefe und Gedichte.* Als Motto der Darstellung wählte sie den Spruch: »Des Menschen Schicksal ist sein Gemüt«. Henriette Feuerbach war durch ihre Lateinkenntnisse philologisch geschult; als Autorin vermochte sie eine signifikante Auswahl an Quellen zu treffen, die das Leben ihres Gatten und seiner Zeit vermittelte. Sie schrieb eine Biografie, die ihn im Kreise seiner neuhumanistischen Gelehrten zeigte. Dabei vermittelte sie die Ideale der nachklassischen und romantischen Zeit, denen sie auch selbst verpflichtet war.

Schon in dieser Arbeit bewältigte Feuerbach die Herausforderung, ihre persönliche Beteiligung am Geschehen so zurückzunehmen, dass die Objektivität ihrer Darstellung nicht durch Vertraulichkeiten gefährdet zu werden drohte. Henriette Feuerbach entwickelte als schreibende Frau keinen Selbstentwurf als wissenschaftlich eigenständige oder gar als schöpferische Autorin. Ihr Selbstverständnis einer schreibenden Frau fasste sie in ihrem »Evangelium« des Denkens und Wollens folgendermaßen zusammen: »Ich habe für das Wissen eine zweifache Hochachtung. Einmal für den stillen, anspruchslosen Sammlerfleiß in seiner rührenden, pedantischen Poesie, und dann für die Gelehrsamkeit, welche einem künstlerischen Geist als formsames Material dient. Wär' ich ein Mann und ein Gelehrter, so hätte ich vielleicht zu dem letzteren die Kraft, so aber kann der innerliche Künstlergeist nichts tun, als sich am Leben selbst versuchen, und die kurze Zeit, die ihm auf Erden gegeben ist, zu einem stillen kleinen, wenn auch ungesehenen Kunstwerk machen.«

Henriette Feuerbach folgte dem goethischen Geniebegriff. Klassisch gefasst wurde ein Genie exklusiv männlich gedacht; eine weibliche Schöpferkraft kam nicht vor. Nach diesem Entwurf arbeitete sie vorbereitend, anspruchslos und zuarbeitend im Hintergrund. Wahre Wirksamkeit war für sie männlich. Solch ein Konzept behinderte ihre Entfaltung, gleichwohl erklärt es ihre innere Notwendigkeit, den Stiefsohn zu unterstützen.

Nach Jahren der Abwesenheit kehrte Anselm jun. 1854 wieder in den mütterlichen Haushalt zurück. In der Heidelberger Wohnung diente ein Raum als Lager für seine unverkauften Gemälde; in Karlsruhe war sein Atelier. In dieser Zeit des aufstrebenden Naturalismus eines Böcklins oder Mareés formte er seine Malerei dahingehend, dass er seine klassischen Themen mit Vorbildern der Antike und der Renaissance in Übereinstimmung brachte. Seine Arbeiten wirkten idealistisch und zeigten eine distanzierende Überhöhung, wodurch sein Werk in der breiten Bevölkerung keinen Zuspruch fand. 1857 zog er nach Italien, um anhand der Originalmotive zu arbeiten. Finanziell blieb die Feuerbach'sche Situation bedrängt. 1855 konnte Henriette Feuerbach ihr musisches Talent als Erwerbsquelle nutzen. Sie begleitete die Prinzessin Luise von Schleswig-Holstein-Augustenburg als Klavierlehrerin auf einer Reise nach Paris. Aus dem entstandenen Kontakt folgte in den späteren Jahren ein Arbeitsauftrag. Die bekannte

Schriftstellerin sollte die Vorarbeit, das Sichten und Auswählen von Quellen zur Herausgabe eines Nachlasses leisten. 1886 brachte Carmen Gräfin von Noer die *Briefausgabe Friedrich August Prinz von Augustenburg, Graf von Noer, Briefe und Aufzeichnungen aus seinem Nachlaß* heraus. 1856 begann die Witwe für den Historiker Georg Weber zu arbeiten. Passend zu ihrem Entwurf als stiller Geist im Hintergrund, trug sie ihm Fakten für dessen *Weltgeschichte* zusammen. Gleichfalls erledigte sie die Vorarbeiten zu Öfers *Weltgeschichte für das weibliche Geschlecht.* Das zusammengetragene Material fand ihr Missfallen. Henriette Feuerbach hatte mit ihren Brüdern eine fundierte Bildung erhalten, quasi Bereiche einer Knabenerziehung bekommen. Öfers Geschichtsdarstellung, die gezielt für das andere Geschlecht geschrieben war, bewertete sie als reduziertes Angebot.

Außerdem übernahm sie Rezensionen für die *Augsburger Allgemeine Zeitung*, für den *Grenzboten*, die *Allgemeine Musikalische Zeitung*, die *Karlsruher Zeitung* und den *Fränkischen Kurier.* Mitte 1862 schrieb sie an den Freund Michael Bernays von ihrem harten Arbeitsalltag, dass sie teils zwölf bis vierzehn Stunden »wie eine Taglöhnerin« am Schreibtisch sitzen müsse und arbeite.

Musikalischer Salon

In solch einem Leben waren die sonntäglichen Treffen bei ihr in der großen hohen Wohnung im Kayser'schen Hause weit mehr als eine anregende Abwechslung, sie waren eine soziale und geistige Notwendigkeit. Sonntags von zwölf bis dreizehn Uhr kamen Gäste – allerdings nur in der warmen Jahreszeit. Wegen der anfallenden Heizkosten waren der Geheimrätin Feuerbach im Herbst und Winter die geselligen Runden nicht finanzierbar. Ihre Wohnung wurde zu einem gesellschaftlich Treffpunkt, der besonders durch Darbietungen am Klavier, durch Kammermusik und durch Gesang sowie durch das offene Gespräch gekennzeichnet war. Ihr Salon war mit Bildern ihres Stiefsohnes ausgehängt und der damals schon namhafte Ludwig van Beethoven besuchte sie. Zur

Verköstigung der Gäste konnte es sich Henriette Feuerbach nicht leisten, teuer importierten Tee oder Kaffee anzubieten. Ihre Lösung war, dass sie schöne Äpfel im Ofen hatte, die während der Geselligkeit verzehrt werden konnten.

1865 begann ihre Bekanntschaft mit Johannes Brahms und mit Clara Schumann-Wieck. 1875 intensivierte sich der Kontakt, als Brahms in Ziegelhausen seinen Sommer verbrachte. Gemeinsam setzten sie sich mit den modernen Strömungen in der Musik auseinander und arbeiteten miteinander. Ein Opernlibretto von Henriette Feuerbach fand sich im Brahms'schen Nachlass. Ob der Kontakt zu freundschaftlicher Ebene vordrang, dürfte zweifelhaft sein, denn Henriette Feuerbach hielt die musikalischen Talente auf Distanz. Emotional war sie von den beiden nicht angetan, denn an Anselm jun. schrieb sie, dass sie lieber die Umgebung von bürgerlich-gemütlicher Art oder die von wirklich geistig gebildeten Menschen bevorzuge und das Genie, wie es die beiden seien, weniger ersehne. Als 76-Jährige schrieb sie allerdings an ihren Neffen, dass ihr musikalisches Talent größer gewesen wäre als das der Clara Schumann – aber es blieb unausgebildet, da sie im Strudel der Feuerbach'schen Familie untergegangen sei.

Als Schriftstellerin legte sie 1866 eine Doppelbiografie vor, *Uz und Cronegk: Zwei fränkische Dichter aus dem vorigen Jahrhundert.* Ihr Stiefsohn fertigte 1867 das Halbporträt »Die Mutter des Künstlers« von ihr an. Sie nannte es ihr »Heidelberger Porträt«. Das großflächige Gemälde, das Henriette Feuerbach 1876, als sie die Stadt verließ, dem Heidelberger Frauenverein schenkte, befindet sich heute im Kurpfälzischen Museum. Anselm malte seine Stiefmutter in gedeckten Dunkeltönen. Er porträtierte die Witwe als stattliche Frau im dunklen Kleid mit feinem schwarzen Haarschleier auf dem Kopf, eine bürgerliche Dame. Der Ausdruck ihrer Augen ist sinnierend, sie blicken konzentriert auf einen Punkt außerhalb des Bildes, so dass ein melancholischer Ausdruck entsteht. In dieser Zeit der deutschen Nationalbildung besuchte Henriette ein Student aus der Schweiz: Carl Spitteler sprach bei ihr vor und wurde zu weiteren Besuchen eingeladen. Fortan erhielt der spätere Literaturnobelpreisträger den Schutz und die Unterstützung der reifen Frau, die sein kommendes Talent förderte. Feuerbach las mit ihm

Homer im Original und diskutierte die neueste Literatur. Darüber hinaus unterrichtete sie ihn im Singen und in der Entwicklung seiner Stimme. Er entfaltete mit ihr und durch sie sein Talent.

1868 zog Henriette Feuerbach mit ihrem Hausstand in die Theaterstraße 11. Auch in der neuen Wohnung waren Anselms großformatige Bilder ausgestellt.

Seit Kriegsausbruch »buchstäblich [...] abhanden gekommen«

Mit dem Kriegsausbruch von 1870 veränderte sich Henriette Feuerbachs Leben radikal. Seit der Gründung des Badischen Frauenvereins von 1859 gehörte es zur landesweiten Mobilmachung, dass die Frauen in ihren Organisationen erfasst wurden. Im Kriegsfall war es die Abteilung Krankenpflege, welche die Lazarette sowie kriegswichtiges Material organisierte und für die Betreuung der Menschen im Krieg sorgte.

Im Juli 1870 wurde Henriette Feuerbach Vorsteherin für die Abteilung Krankenpflege des Heidelberger Frauenvereins. Mit 58 Jahren wechselte sie ihren Arbeitsbereich. Das Kriegsgeschehen führte zu einer solchen Welle der nationalen Erhebung und der patriotischen Begeisterung der Menschen, dass sich Henriette dazu entschloss, im Lazarettdienst zu »dienen«. Sie übernahm die Leitung von 58 Pflegekräften. In den 18 Heidelberger Lazaretten hatte sie mit ihrer Gruppe ungefähr 1500 Verwundete zu versorgen. Es ist nicht verwunderlich, wenn Henriette Feuerbach feststellte, sie sei sich und ihrem Leben seit Kriegsausbruch »buchstäblich [...] abhanden gekommen«.

Zum Leben im Krieg schrieb sie, dass die Männer organisieren und rechnen würden, die Frauen hingegen arbeitend und ausführend tätig wären. Allerdings waren auch viele Frauen an leitender und verantwortlicher Stelle tätig. Nicht zuletzt war es das Verdienst der Landesfürstin, der Großherzogin Luise von Baden, dass die Mobilisierung von Frauen erfasst wurde.

Die dreiunddreißigjährige Landesfürstin war von der grenznahen Residenz Karlsruhe nach Heidelberg geflüchtet und motivierte die Frauen bei ihrer »vaterländischen Arbeit«. Sie verstand sich als Vorbild für ein tätiges Eingreifen; bei Arbeiten des Frauenvereins war sie im Museumssaal persönlich anwesend. Nach dem siegreichen Kriegsende erhielten die Helden Orden, die Damen bekamen Ehrenzeichen. Henriette war eine der Damen, die für ihr »segenreiches« Engagement ausgezeichnet wurde. Sie erhielt den Luisenorden und das Verdienstkreuz von Kaiser Wilhelm I.

Zwei Jahre nach Kriegsende verstarb ihre Stieftochter Emilie. Noch während des Krieges hatte die Stiefmutter veranlasst, dass die Tochter wegen ihres schizophrenen Leidens in eine Pflegeanstalt kam, wo sie an den Folgen der Krankheit verstarb.

Nürnberger Jahre – »Ein Vermächtnis«

1876 begann die letzte Phase ihres Lebens – Henriette verließ nach 24 Jahren das geliebte Heidelberg und zog auf Anselms Bitte nach Nürnberg. Anselm war kränkelnd und bat seine Mutter, ihm zu helfen. Umziehen, um ihm zu »gefallen«? »Nachdem ich es mein ganzes Leben lang getan habe?« – meinte die Stiefmutter und packte ihren Hausrat. Nachdem Anselm wieder gesund war, zog es ihn wieder nach Venedig. Er starb dort 1880 an den Folgen der Syphilis.

Henriette hatte mit ihm »den Inhalt des Lebens« verloren. Da Feuerbach ohne »gesetzliche Verfügung« starb, war Henriette vom Erbe ausgeschlossen. Schon fünf Tage nach der Beerdigung erwarb sie den gesamten künstlerischen Nachlass – inklusive der Schulden von etwa 15 000 Mark, die sie durch den Verkauf ihrer Wertsachen und eines familieninternen Kredits deckte. Die nächsten zwölf Jahre widmete sie der Aufgabe, ihrem Stiefsohn ein geistiges Denkmal zu setzen. 1882 brachte sie *Anselm Feuerbach – Ein Vermächtnis* und 1888 die Prachtausgabe der *Handzeichnungen Anselm Feuerbachs* heraus. Das *Vermächtnis* wurde zu einem Skandal, denn sie hatte das Werk überarbeitet, das Anselm vor seinem Tode als Streit- und Schmähschrift geschrieben hatte, in dem er mit seinen erfolgreichen Kollegen abrechnete. Henriette hatte die Arbeit stilistisch und inhaltlich geglättet. Sie stilisierte ihn zum Klassizisten und war so die größte Verteidigerin ihres Stiefsohnes.

1892 verstarb Henriette Feuerbach in Nürnberg. Ob ihr Herz in Heidelberg geblieben war, wer weiß es. In ihrer letzten Adresse, der Theaterstraße 11, befindet sich heute das Amt der Gleichstellungsbeauftragten.

»Tu Gutes und wirf es ins Meer«

Die erste Ehrenbürgerin Anna Blum

(1843–1917)

Anna Blums Testament ist bis heute ein Politikum. 1906 vermachte die erste Ehrenbürgerin der Stadt Heidelberg ihre beiden stattlichen Anwesen in der Theaterstraße und im Schlosswolfsbrunnenweg der Stadt. Als Erblasserin verfügte sie zwei Stiftungen für Heidelberg. In ihrem Testament schrieb sie ihren Traum von »Blum's-Hof« und »Blümlis Alp«, einem altersübergreifenden Miteinander nieder. Bis heute sind es die testamentarisch verfügten Angaben zur Gestaltung von Grünanlagen, von Kübelpflanzen und der Gartennutzung, die zu wiederkehrenden Debatten in Heidelberg führten. Denn zentral gelegene Parkflächen sind in der Heidelberger Kernaltstadt kostbare Raritäten; das Grundstück von »Blum's Hof« in der Theaterstraße 10 umfasst ein solches Gelände. Ein mehrjähriger politischer Prozess von Eltern-Kind-Initiativen der nahegelegenen Schulen erwirkte, dass die Fläche nun sowohl als Kinderspielplatz als auch als Autoparkfläche genutzt werden kann. So wurde eine Nutzung im Sinne Anna Blums wieder ermöglicht, denn sie verfügte, dass »im Garten ein kleiner, sonniger Platz für [... die Kinder] abgesperrt werden [soll], auf dem sie bei gutem Wetter liegen können«.

Wer war sie, die ihr Testament mit »Frau Dr. Wilhelm Blum, Wwe.[Witwe]« unterzeichnete?

Frau Dr. Wilhelm Blum, Anna geb. Helwerth

Anna Blum war Heidelbergerin. Sie kam am 12. Oktober 1843 in ihrer Vaterstadt als Tochter des Bürgers und Gastwirts David Heinrich Helwerth und seiner Frau Elisabeth, geborene Dürr, zur Welt. Zwei Jahre vor dem Ausbruch der Badischen Revolution verwitwete Elisabeth Helwerth, so dass sie ab 1846 den Betrieb des Badischen Hofes in der Hauptstraße 107 selbstständig weiterführte. Dies war damals das vornehmste Hotel am Platze, eine Adresse der gebildeten Oberschicht. In ihrem Hotel, Restaurant und Café trafen sich am 5. März 1848 führende Liberale und Demokraten wie Welcker, Hecker, von Gagern oder Struve, um über nationale Einheit und politische Freiheit zu debattieren und somit ein Fanal für den deutschen Parlamentarismus zu geben. In welchem weltanschaulichen Milieu Anna aufwuchs, ist nicht bekannt. Gesichert ist die evangelische Konfession, der sie und ihre Eltern angehörten.

Ihr späterer Mann, Dr. Wilhelm Blum, war 1860 nach Heidelberg gekommen. Er war Arzt und Jurist und bezog 1863 mit seinem Vater das knapp zehn Jahre alte Anwesen in der Theaterstraße 10, das im romantischen Klassizismus erbaut worden war. Im Zuge der Verehelichung mit Anna Helwerth am 21. September 1872 entwickelte sich das Blum'sche Haus zu einem gesellschaftlichen Mittelpunkt der Stadt. Anna Blum hielt »regelmäßige Sprechstunden« ab. Ihr Engagement in der Wohlfahrtspflege legt nahe, dass diese Sprechstunden sowohl im Sinne einer Sozialberatungsstelle dienten als auch als Salon genutzt wurden. Gerade im zweiten Blum'schen Anwesen, ihrem Sommersitz und »Eldorado« im Schlosswolfsbrunnenweg, wurde ihr Salon gerne aufgesucht. Gespräche und Kontakte zwischen den Lehrkräften der Universität und der Ortshonoration waren in diesem Sommersitz auch im weitläufigen Garten möglich. Der Garten reichte bis zur Molkenkur und beherbergte Anna Blums geliebte Gartenlaube mit dem glyzinienumrankten Schlossblick.

Das Ehepaar war aus Aktiengeschäften der Reichsgründerjahre vermögend geworden. Ihr Lebensstandard umfasste selbstverständlich Dienstpersonal; so zählten eine Köchin, ein Dienstmädchen und auch ein fest angestellter Gärtner mit seiner Familie von neun Kindern zum Hauswesen. Wohlsituiert wie die Blums waren, leisteten sie sich aufwändige technische Neuerungen. Sie ließen ihr Haus elektrifizieren und eine Telefonanlage mit der Rufnummer Heidelberg 93 einrichten.

Das Verzeichnis der wahlberechtigten Bürger für die Wahl der Stadtverordneten am 15. Juli 1878 nennt Dr. Blum als einen der neunundzwanzig Männer, die in der »Classe der Höchstbesteuerten« aufgelistet sind. Im System des Dreiklassenwahlrechts war ihm damit sowohl das aktive als auch das passive Wahlrecht zugänglich. In den Jahren zwischen 1869 und 1892 vertrat Blum die Interessen der badischen Nationalliberalen auf Stadt-, Kreis- und Reichsebene. Mit 61 Jahren verließ er die politische Gremienarbeit und wandte sich der Wohlfahrt in Heidelberg zu, besonders dem Arbeiterbildungsverein und dem Aufbau einer Bücherei.

Man strebte grundsätzlichere soziale Reformen an, und hierfür war Bildung nötig. Geplant war ein Vereinshaus mit Leseraum, Volksbibliothek und Gesellschaftsräumen. Der damaligen Zeit entsprechend wurde der bürgerlich geführte Verein von revolutionären Bezügen ferngehalten. Blum formulierte: »Sollte der Arbeiterbildungsverein eine Richtung verfolgen, welche auf den Umsturz unserer gesellschaftlichen staatlichen Ordnungen ausgeht, so würde das Haus anderweitig genutzt, zum Beispiel als Volksküche.« Für seine vielseitigen und großzügigen Verdienste überreichte ihm die Stadt 1901 die Ehrenbürgerwürde.

Anna Blum hatte an dem öffentlichen Leben ihres Mannes großen Anteil. Auf gemeinsamen Reisen des Ehepaares zu den Regierungssitzen nach Berlin und Karlsruhe verband die um zwölf Jahre jüngere Ehefrau repräsentative Ehepflichten mit den gemeinsamen politischen und sozialen Aufgaben.

Schriftführerin des Badischen Frauenvereins

Anna Blum war in verschiedenen Vereinen, so im Fröbelverein, im Turnverein, im Roten Kreuz, in der Propaganda-Gesellschaft für Mutterschaftssicherung, im Kriegernachmittagsverein und allen voran war sie im Badischen Frauenverein aktiv.

Ab 1875, als der Heidelberger Frauenverein in den allgemeinbadischen eingegliedert wurde, widmete sie dieser Arbeit fast 45 Jahre. Von 1889 an war sie Schriftführerin des Heidelberger Zweiges und zentrale Person vor Ort.

Sie sorgte für die Verköstigung von Kranken und sammelte mit ihren Mitstreiterinnen Spenden für den Luisenbazar für kranke

Kinder. 1895 gründete Anna Blum auf Anregung der Vereinsprotektorin Großherzogin Luise von Baden die Flickschule, die für schulentlassene Mädchen der 8. Klasse ein zeitlich begrenztes Unterrichtsangebot in Handarbeiten offerierte. Vereinsintern wurde die Schule in der »Abteilung für weibliche Arbeiten« erfasst. Als Leiterin der Abteilung I hatte sie bis 1904 mit der Arbeits- und Gewerbeschule, der späteren Frauenarbeitsschule zu tun. Als der Verein die Personalkosten, insbesondere die Aufwendungen für eine standesgemäße Altersversorgung für die Lehrerinnen nicht mehr aufbringen konnte, übernahm die Kommune den Betrieb. Danach wurden der Abteilung I neue Aufgaben zugeteilt – der Tuberkulose-Ausschuss, dem die Geschäftsführung des jungen Vereins zur Bekämpfung der Tuberkulose eingegliedert war.

Wie in den meisten badischen Gemeinden stand er mit dem Frauenverein in engster Verbindung und widmete sich Fragen der Volkshygiene, um die Gefahren der Krankheit zu reduzieren, die nach der »Statistik des Bevölkerungsvorgangs« 1894 in Heidelberg die erste Todesursache war.

Als eine »Kommission für die Kriegskrankenpflege« eingerichtet wurde, gehörte ihr Mann Dr. Blum dem Vorstand an. 1904, noch zehn Jahre vor dem »Ernstfall«, wurde ein »Ausschuss der Vorbereitungen für den Kriegsfall« formiert, dem Anna Blum vorsaß.

»Liebesgaben« – das Rote Kreuz im Ersten Weltkrieg

Damit war Anna Blum quasi per »Amtsweg« Mitglied des Heidelberger Roten Kreuzes, denn der Ausschuss war beauftragt, gemeinschaftlich mit dem Männer-Hilfsverein das örtliche Lazarettwesen aufzubauen. 1915 übernahmen die Frauenvereine zudem die Organisation der Heimatfront. Die Vereine des Bezirkes wurden aufgefordert, Sammelstellen und Einkochküchen für Obst und Gemüse einzurichten, die Produkte aufzulisten, Empfehlungen über konservierungsgeeignete Naturalien weiterzugeben, Eierversandkisten in Schulen aufzustellen, Sammelwägen für Gemüse auf Wochenmärkten aufzustellen und dergleichen.

Andere Arten an Sammlungen dienten zur Finanzierung des Krieges sowie des Lebens im Krieg: Es gab Spenden für die Schützengrabenbücherei, die Sammlung »Gold gab ich für Eisen«, die der Juwelier Kesselbach auf dem Güterbahnhof verwaltete, die Sammlung von ausgegangenen Frauenhaaren oder ganzer Zöpfe. Und es gab das Kreuz in Eisen, das Kriegswahrzeichen der Stadt Heidelberg. Es war ein großes hölzernes Kreuz, das mit einzelnen Eisennägeln beschlagen wurde. Die Nägel waren die Kriegsspende, die per Los zu kaufen waren. Zwei Jahre nach der Eröffnung füllte ein letzter Nagel das kreuzförmige Denkmal aus und ließ es wortwörtlich zum Kreuz aus Eisen werden. Das Benageln hatte 28 498,40 Mark erbracht. In einem nagelbeschlagen Prachtband aus Schweinsleder unterschrieben die Leute und trugen oftmals auch Kreuz- und Sinnsprüche ein. Genagelt wurde zu Feierlichkeiten, von Einzelpersonen, aber auch von Firmenabteilungen, Schulkindern, Hilfsschwestern und Helferinnen der Lazarette wie in der Stadthalle. Das Kriegsmal war durch die großherzogliche Familie eröffnet worden, die bei der Einweihung mit Hofstaat anwesend war. Danach folgten Einträge der Ortshonoration, wie derjenige von Frau Dr. Wilhelm Blum Wwe.

Das Blum'sche Freibad: Schwimm- und Badeanstalt am Neckar

1893 verzeichnet die Chronik der Stadt Heidelberg eine Spende über 30.000 Mark von Dr. Wilhelm Blum für den Bau einer Badeanstalt am Neckar, »deren Benutzung unentgeltlich sein soll.« Nach drei Jahren war die städtische Schwimm- und Badeanstalt am linken Neckarufer unterhalb der neuen Brücke aufgestellt. Es war ein idealer Platz zum Baden, der Bismarckplatz war damals noch Winterhafen und die Sofienstraße ein schmaler Trampelpfad mit dem Namen Badweg gewesen. Abteilungen für Schwimmer und für Nichtschwimmer mit hölzernem Liegeboden ermöglichten Erfrischung, körperliche Ertüchtigung und die Erhaltung der Gesundheit, wie es die Stadtchronik von 1911 festhielt. Die Bademeisterfamilie Überle sorgte mit einem Jahresgehalt von 2000 Mark für

Ordnung. Vater und Sohn erteilten für fünf Mark Schwimm- und Gymnastikunterricht und Minna Überle verwaltete die Ausleihgebühren (fünf Pfennig) für Seifen, Badehosen und Frauenbadeanzügen. Der Preis eines neuen Anzuges lag damals bei zwei Mark, für eine Hose für Männer bei fünfundsiebzig Pfennig, so wundert es nicht, dass Überle für dreißig Pfennig pro Stück die Frauenanzüge ausbesserte – gegen Rechnung an die Stadt.

Außerdem gab es die sogenannten Flussbadewannen. Das waren Badehäuschen, die einen ausreichenden Sichtschutz aus Holzbretterwänden hatten und ein intim-reinigendes Baden im Neckarwasser ermöglichten. Die Lattenkäfige waren mit Holzböden versehen und sicherten den damals erforderlichen Standard an Sittlichkeitsgeboten.

Von Anfang an war das Freibad an bestimmten Tagen auch für weibliche Besucher geöffnet. Das war ein absolutes Novum! Denn noch 1851 hatten die Tübinger Stadtväter erklärt, dass es am Neckar keinen »schicklichen« Badeplatz für Frauen gebe. Sie hielten bis 1908 an dem Schwimmverbot für Frauen fest. In Heidelberg löste man den Disput des öffentlichen Schwimmens von Frauen durch ein Reglement der Öffnungszeiten: Tageweise abwechselnd sollten die Geschlechter kostenlos baden und schwimmen gehen. Doch die konkrete Aufteilung war ungerecht ausgelotet und es erwuchsen Probleme. Die Zeiten für Frauen waren durch Stunden, die für Soldaten extra reserviert waren, geschmälert, zudem war den Frauen der unattraktive Sonntagstermin zugewiesen, was sich negativ auf die Nutzung auswirkte.

Im zweiten Jahr ihrer Witwenschaft griff Anna Blum in das Geschehen ein und schuf Abhilfe. Aus Anlass des Goldenen Ehejubiläums des Großherzogpaares Friedrich I. und Luise von Baden spendete sie 10 000 Mark und erteilte der Stadt den Auftrag ein zusätzliches Schwimmbassin und weitere zehn bis zwölf Einzelkabinen zu errichten. Nachdem sieben Monate lang keine Reaktion seitens der Stadt erfolgte, war sie empört. Als im Antwortschreiben von einem »Damenbad« die Rede war, widersprach sie energisch: »Ein Bad für Damen braucht das Freibad nicht zu werden, die wollen wir Herrn Botz nicht abspenstig machen.« Sie nahm damit Bezug auf kostenpflichtige Konkurrenz flussaufwärts.

Und forderte von der Verwaltung: »Das Bad soll ein Volksfrauenbad für Erwachsene [sein]«, eine schriftliche Versicherung, »daß die Bestellungen und Arbeiten [...] sofort und mit der denkbar größten Energie betrieben werden [...] von jetzt an nichts in der Öffentlichkeit darüber zu debattieren, stillschweigende, rasche Arbeit zu liefern. Sollte sich die Fertigstellung verzögern, so würde sich auch die letzte Zahlung verzögern.«

Die Bausumme war schließlich fast so hoch wie der erste Bauabschnitt. 1911 konnten nahezu 300 000 Badende verzeichnet werden, fast ebenso viel Frauen wie Männer. 35 Jahre lang konnten die Heidelberger das Städtische Freibad kostenfrei nutzen, bis es vom Mai-Hochwasser des Jahres 1931 zerstört wurde.

Frau Ehrenbürger

Am 1. Oktober 1913 beschloss der Heidelberger Stadtrat, die Ehrenbürgerwürde an Anna Blum zu verleihen. Ab Juli war debattiert worden, bis die Urkunde mit der Zuwendung von 150 Mark am 24. Oktober durch Oberbürgermeister Walz an die Siebzigjährige übergeben wurde.

»Obschon es nicht der Tradition entsprach«, die höchste Würde einer Frau zu überreichen, rechtfertigte Walz das Neuland als einen »glücklichen Ausdruck der Dankbarkeit.[...] Auf ihr mütterliches Herz hat sich Heidelberg geradezu verlassen können.« Wie schon die Schwetzingerinnen durch Frau Bassermann, so waren die Heidelbergerinnen nunmehr auf symbolischer Ebene gleichberechtigt. In rechtlicher Hinsicht ermöglichte erst die Weimarer Republik das faktische Teilhaben am Staatsgeschehen mit dem ersten Urnengang am 19. Januar 1919.

Blum's Hof und Blümli-Alp – Das Testament

Zwei Jahre nach dem Hinscheiden ihres geliebten Mannes setzte Anna Blum ihren letzten Willen auf. Darin verfügte sie zwei Stiftungen an die Stadt Heidelberg: Ein Alters- und ein Erholungsheim für Frauen mit einem Kindersolebad und mit Kinderspeisung. Beide Immobilien und 420 000 Mark boten nach ihrem Willen die Basis für »Blümli-Alp« und »Blum's Hof«. Die Stiftungen richteten sich an die Bedürftigen, nämlich an Frauen, Mädchen und kranke Knaben.

Ein Nachtrag vom 15. Mai 1917 erklärt ausdrücklich, dass das Altersheim von Blum's-Hof in der Theaterstraße nicht den Ruf eines Armenhauses bekommen dürfe – auch wenn die Zimmer kostenlos seien. Je nach Mitteln sollten Licht, Heizung und Essen bezahlt werden. Die ganze Stiftung sollte unter der Aufsicht des jeweiligen Oberbürgermeisters stehen, unterstützt von ärztlichen Beratern. Leitmotive der Stiftung waren moralische Integrität und der gute Ruf. Dies hieß nach Anna Blum: »Die Hauptbedingung ist Reinlichkeit und Frieden! Sobald gegen diese verstossen werden, kann die Kündigung monatsweise erfolgen.« Eine mögliche Vorlage für diesen Entwurf war das Marie-Luisenheim des Heidelberger Badischen Frauenvereins, eine Stiftung der Witwe Frau Fabrikant Simon Kaufmann.

Nach dem Tod Anna Blums im Jahr 1917 beauftragte die Stadt den Architekten Oswald Stritt mit dem Umbau des Anwesens Theaterstraße 10. Diverse Gründe verhinderten das vorgeschlagene Bauprojekt. Eine wechselvolle Nutzungsgeschichte folgte, unter anderem nutzten Oberbürgermeister Drach, eine Kriegsschusterei, die Zentralfürsorgestelle der Pfalz, Jugendorganisationen der NSDAP, das städtische Forstamt und das Einwohnermeldeamt das Anwesen. Erst seit 1956, als der Altersclub des Frauenvereins Heidelberg darin einzog, kann die Nutzung als mit dem Stiftungsgedanken in etwa vereinbar bezeichnet werden. Im November 1977 erfolgte schließlich die Einweihung des renovierten Hauses, in dem die Nachfolgeorganisation des Badischen Frauenvereins Platz bekam. Seither bezeichnet der Deutsche Frauenring e.V. seinen Sitz in zierlicher Schrift auf einer Messingtafel als Anna-Blum-Haus.

Am 3. Juli 1917 verstarb Anna Blum »rosenpflückend im Rosenbeet vor ihrem Haus.« Welche Ausmaße ihr Wirken im »Garten« ihrer Vaterstadt tatsächlich hatte, lässt sich nicht mehr genau rekonstruieren. Stets im würdigen, Andenken an ihren

Mann, nahm sie sich selbst zurück und anonymisierte ihr Handeln. So geschickt, dass noch heute darüber gerätselt wird, ob sie jene anonyme Spende für eine Volksbücherei gab, die den Grundstock der heutigen Stadtbücherei bildet. »Denn gar gern und viel tat sie im Verborgenen«, wie der Vorsitzende des Roten Kreuzes Eugen von Jagemann in seiner Trauerrede, »nach dem Satze: ›Tue Gutes und wirf es ins Meer, weiß es der Fisch nicht, so weiß es der Herr.‹«

Vom Odenwald in die USA

Die Schriftstellerin Augusta Bender (1846–1924)

Augusta Bender war Freidenkerin und Einzelkämpferin. Die Odenwälder Erbbauerntochter investierte ihr gesamtes Vermögen in ihren unstillbaren Bildungsdrang. Sie wurde Lehrerin und arbeitete als Publizistin sowohl in den USA als auch in Deutschland. Ihre transatlantischen Erfahrungen vermittelte sie durch Vortragstätigkeit, indem sie zur Lage von Frauen sprach. Die Emanzipation stellte für sie eine Bildungs- und eine Brotfrage dar.

1881 eröffnete sie in Heidelberg die »Pension International«. Von ihrem Idealberuf einer freischaffenden Schriftstellerin konnte die passionierte Tierschützerin und Volksliedersammlerin nur zeitweise leben. Das Schreiben war für sie jedoch ein innerer Drang, eine Überlebensstrategie.

»Das Beste, was ein Mensch dem andern geben kann, ist Liebe …«

Augusta Bender wurde am 20. März 1846 im badischen Oberschefflenz geboren. Ihre Eltern betrieben eine bäuerliche Landwirtschaft, die sie im ersten Band ihrer Autobiografie *Auf der Schattenseite des Lebens* von 1903 als kärglich und ärmlich beschrieb. Der Vater war alkoholkrank und ruinierte den mütterlichen Erbbauernhof.

Ihre Mutter förderte den Bildungsdrang der Tochter und erzählte ihr die Orts- und Landesgeschichte, die sie wie niemand anders in Oberschefflenz kannte. Schließlich hatte sie als Kind anhand von Urkunden das Schönschreiben gelernt, da ihr Vater, ein Gemeinderat, vergilbte Schriftstücke, die er beim Ausräumen alter Rathausschränke gefunden hatte, für sie nach Hause mitbrachte. Als Augusta Bender neun Jahre alt war, wurde ihr erstes

Gedicht in der Lokalzeitung veröffentlicht. Dies förderte ihr Image einer intelligenten Streberin, wie sie von den Mitschülern gesehen wurde; sie beschäftigte sich mit schöngeistiger Literatur und entfloh dadurch ihrer ländlichen Umwelt.

Das bäuerliche Mithelfen auf dem Acker war für sie eine Qual, über die sie mit niemandem sprechen konnte. Bereits als Mädchen hatte sie einen Waschzwang entwickelt, der sie von den Gleichaltrigen trennte, denn sie hatte einen unüberwindbaren und unerträglichen Ekel gegen Erde unter ihren Fingernägeln. So wurde sie zur beobachteten Außenseiterin der Dorfgemeinschaft.

Mit sechzehn Jahren ging Augusta Bender gegen den Willen der Eltern nach Mannheim, um Schauspielerin zu werden. In der Großstadt erkannte sie ihre begrenzte Begabung und auch ihre Naivität, denn sie musste feststellen, dass Bildung allein kein Auskommen sicherte. Daher beendete sie den Versuch einer Karriere als darstellende Künstlerin. 1863 ging sie nach Mosbach, wurde Erzieherin in einer Lehrerfamilie und besuchte die »Fortbildungsschule«. Dafür benötigte sie 300 Gulden, was dem Wert eines Ackers entsprach. Sie investierte ihr Erbteil in die Qualifizierungsmaßnahme. Als sie keine passende Anstellung fand, ergriff sie 1864 die neuartige Möglichkeit, als Telegrafengehilfin zu arbeiten.

Als erstes Land des Deutschen Bundes öffnete das Großherzogtum 1864 den öffentlichen Dienst für weibliches Personal. Frauen wurden als Telegrafengehilfinnen eingestellt. Sie waren im Vergleich zu ihren männlichen Kollegen qualifizierter und um ein Drittel kostengünstiger. Wie Augusta Bender besaßen die Frauen Fremdsprachenkenntnisse in Französisch und Englisch, waren in Umgangsformen unterrichtet und feinmotorisch durch den Handarbeitsunterricht oder durch das Klavierspiel geschult. Zwei Jahre war Bender in dieser ersten Generation der Telegrafengehilfinnen im Karlsruher Hauptpostamt tätig. Ein beruflicher Aufstieg wurde durch die Behördenhierarchie verhindert. 1866 ließ sie sich »zum Zwecke der Weiterbildung« beurlauben.

Sie ging nach Heidelberg und besuchte das Erhardt'sche Institut, um sich auf das Lehrerinnenexamen vorzubereiten. Das Institut war 1846 in der Theaterstraße gegründet worden und besaß überregional eine hohe Reputation. Das ehemalige Bauernmädchen wurde vom Leiter der Einrichtung begrüßt. Auch er entstammte dem Bauernmilieu und war nach seiner Lehrerausbildung materiell erfolgreich, seine Höhere Töchterschule florierte. Dem Familienbetrieb fügte er 1863 eine berufspraktische Ausrichtung hinzu, indem er ein Lehrerinnenseminar mit Pensionat in der Neuenheimer Landstraße eröffnete, das von seiner Schwägerin verwaltet wurde. Offensichtlich war die Vorbereitungsklasse für das Lehrerinnenexamen von der Höheren Töchterschule getrennt. Augusta Bender berichtete von den lärmenden Seminaristinnen, die sie dazu veranlassten, das Institut als Wohnort nach einem Monat wieder zu verlassen. Sie zog zu einer Apothekerfamilie aus Walldürn, deren Sohn mit ihr die Bürgerschule in Mosbach besucht hatte und wohnte bei ihnen, draußen vor dem Karlstor, angenehm ruhig. Dort konnte sie sich erholen und lernen.

Allerdings entsprach die Qualität des Unterrichts nicht ihren Erwartungen, so dass sie für sechs bis acht Stunden Privatunterricht zu je 54 Kreuzer nahm und sich den entscheidenden Überblick selbst erarbeitete.

Am 2. März 1868 legte sie ihre Prüfungen für das Examen vor dem Oberschulrat in Karlruhe ab. Sie war nun staatlich anerkannte Lehrerin für Höhere Töchterschulen und erfolglos auf Stellensuche. Die Chance, durch ihre Bildung einen geregelten Broterwerb zu erhalten war gering. Es gab eine Schwemme an qualifizierten Lehrerinnen, darunter Bürgertöchter, die einen hervorragenden Musikunterricht genossen hatten. Dergleichen konnte die Erbbauerntochter nicht vorweisen. Sie hatte sich ihre Bildung selbst beigebracht, entsprechend untertitelte sie ihre Lebensgeschichte mit *Jugendgeschichte einer Autodidaktin.* Zitherspielen hatte sie sich angeeignet, aber kein Klavierspiel. Melancholisch wurde der 21-jährigen bewusst, dass sie die Qualifizierung hatte teuer bezahlen müssen und dass sie letztendlich arm und verlassen war.

Ein Kredit ihres Bruders ermöglichte ihr die Überfahrt nach London, um dort als Privatlehrerin zu arbeiten. Der Versuch schlug fehl, da sie zum Schuljahresende ankam, und so kehrte sie um. In Heidelberg lebte sie in einfachsten Verhältnissen, veröffentlichte Gedichte, gab Privatstunden und war Begleiterin von reisenden Ausländerinnen.

Nach dem Tod ihrer Mutter fuhr sie 1871 für zwei Jahre in die USA, und unterrichtete an einer öffentlichen Schule. Es war eine einseitig mechanische Beschäftigung, die darin bestand, die vierzig bis sechzig Kinder täglich sieben Stunden diszipliniert und ruhig zu halten. Ihre Bezahlung war demütigend schlecht, zumal ihr Vorgänger als Mann das Doppelte verdient und weniger Verantwortung gehabt hatte. Bessere Verdienstmöglichkeiten und persönliche Verbindungen führten sie nach Philadelphia. Dort vereinsamte sie auf geistiger Ebene, Engstirnigkeit und Borniertheit bewegten sie zur Rückkehr nach Deutschland.

Zurückgekehrt hielt sie 1873 Vorträge auf Veranstaltungen der bürgerlichen Frauenbewegung in Karlsruhe, Mannheim, Stuttgart und Straßburg. Sie reflektierte dabei ihre Erfahrungen und trug Vergleichsstudien zur Lage von erwerbstätigen Frauen, zum Schul- und Erziehungssystem und zur Gesundheitssituation vor. Ein Brief von Luise Otto-Peter, der Herausgeberin der *Frauenzeitung*, warnte Bender vor den finanziellen Gefahren einer freien Tätigkeit als Publizistin. 1874 reiste sie erneut in die USA. Den Aufenthalt dort brach sie nach vier Jahren aus Heimweh ab.

Im April 1881 eröffnete Augusta Bender in Heidelberg die »Pension International«. Es war eine Unterkunft für ausländische Gäste mit Angeboten zur Weiterbildung. Bereits im November hatte sie ihre amerikanischen Bekannten brieflich über diesen Schritt informiert und sie eingeladen, die gesunde und ansprechende Örtlichkeit zu besuchen. Sie warb mit dem schönen Blick auf die Stadt und auf die Umgebung, den das Anwesen in der Neuenheimer Landstraße bot. Für diese Art privater Erwachsenenbildungsstätte riskierte sie ihr Vermögen. Vergeblich – 1882 pendelte sie wieder zum Gelderwerb in die USA. Sie fand sich damit ab, dort nicht heimisch, wohl aber erwerbstätig werden zu können. Die besseren Verdienstmöglichkeiten führten zu häufigen Wechseln zwischen den USA und Deutschland.

Insgesamt neun Mal überquerte sie den Atlantik »immer mit dem Dolch des Hungers im Rücken«. Stets fuhr sie »mit schwerem Handgepäck beladen über den Atlantik [... die] Nerven sind dadurch nicht stärker geworden und noch weniger mein Magen«. Ihre Lehrengagements verbesserten sich; 1891 folgte ein Lehrauftrag für Deutsche Literatur am Smith College in Northampton/Mass. Sie schrieb und publizierte sowohl in Deutschland als auch in den USA. Ihre erste Novelle erschien 1883, vier Jahre später folgte ihr Gedichtband *Haideblumen*, 1893 ihr erster Roman *Die Reiterkäthe*. Die Hosengeschichte der Schulzentochter Käthe, die als Hauptmann verkleidet am Ende des Dreißigjährigen Krieges einen Soldatenhaufen anführte, eine adelige Hochzeit ausschlug und den Wiederaufbau des Dorfes organisierte, wurde viel gelesen; es war ihr größter Erfolg. Weitere Arbeiten folgten: *Ein deutsches Mädchen in Amerika*, *Der Kampf ums höher Dasein*, *Die Macht des Mitleids* und *Kulturbilder*.

Nach ihrer letzten Rückkehr aus New York wohnte sie ab 1897 an unterschiedlichen Orten, so auch in Schlierbach.

1902 brachte sie die *Oberschefflenzer Volkslieder und volkstümliche Gesänge* heraus, die sie mit Unterstützung der Großherzogin Luise von Baden geschrieben hatte. Die Arbeit, die ihren Ruf als Heimatdichterin begründete, widmete die Autorin ihrer Mutter, von der sie die Lieder in ihrer Kindheit gelernt hatte. »Ohne dass ich damals jedoch die geringste Kenntnis vom Werte eines echten Volksliedes besaß, pflegten mir die Lieder meiner Mutter fast durchgehend schöner als die meiner eigenen Generation vorzukommen«. Bender gewann den Vorsitzenden des Deutschen Volksgesangvereins Wien für ihre Sammlung. Sie trafen sich eine Woche in St. Gallen und setzten die Noten der zweihundert Lieder. Neben der Herkunft der Lieder schrieb sie auch Reime der Kinder und Erwachsenen aus ihrer Jugendzeit in Oberschefflenz auf. Die Liedersammlung machte Benders Arbeit populär, ab 1904 lebte sie als freie Autorin.

1912 publizierte sie im *Heidelberger Tagblatt* »Die Begegnung mit Friedrich Hecker bei einem Vortrag in Philadelphia«. Es war eine Hommage an den alternden Revolutionär, den sie bei ihrer zweiten Seereise getroffen hatte. Der Bericht schilderte die Revolutionszeit von 1848 aus kritischer Sicht: »Die Frauen hätte Hecker am liebsten mit einem umgestülpten Kochtopf auf dem Kopf herumlaufen sehen, und zwar ohne Ausnahme. Nicht die geringsten Kulturerrungenschaften des 19. Jahrhunderts wollte er ihnen zugestehen. Seine Ansichten sind in diesem Punkte so despotisch gewesen, wie so vieler anderer Freiheitsschwärmer« die unter Freiheit »nur eine Männerfreiheit« und in der »Republik die allein seligmachende Staatsform sahen«.

1922 erhielt Auguste Bender einen der 30 begehrten Plätze für ältere bedürftige Damen im Margarethenheim in Baden-Baden. Am 16. September 1924 verstarb sie im Mosbacher Alternheim.

»Das Männerrecht vermenschlichen«

Camilla Jellinek

(1860–1940)

Camilla Jellinek war die Leiterin der Heidelberger Rechtsschutzstelle für Frauen und Mädchen. Sie war Juristin »durch Anstand, durch Selbstbestimmung und durch praktische Ausübung«, wie es der Heidelberger Staatsphilosoph Gustav Radbruch anlässlich ihres hundertsten Geburtstags festhielt. Die Gattin des Rechtsgelehrten Georg Jellinek engagierte sich nach ihrer Kinderphase für eine gerechtere Justiz. Sie wollte das »Männerrecht vermenschlichen«, indem sie den juristischen Blick auf die Belange von Frauen und Kindern richtete. Die Mutter von sechs Kindern wurde zur Rechtsexpertin für Frauenfragen. Engagiert übernahm sie Führungsämter der bürgerlichen Frauenbewegung. 1930 wurde ihre Arbeit mit der höchsten Würde der Juristischen Fakultät der Universität Heidelberg ausgezeichnet – sie erhielt den Ehrendoktor beider Rechte.

»Nicht etwa eine Durchschnittsphilisterfamilie«

Camilla wurde am 24. September 1860 in Wien geboren und entstammte einer alteingesessenen jüdischen Familie. Ihr Vater Gustav Wertheim war Professor für Dermatologie und begeisterte sich für die Wissenschaften. Er sprach fließend Latein und hatte Kant stets als Bettlektüre auf seinem Nachttisch aufgeschlagen. Für die Heirat mit der katholischen Wilhelmine Walcher konvertierte Gustav Wertheim zum christlichen Glauben, Camilla wurde getauft. Das lernbegierige Mädchen wurde von den Eltern und von den beiden Schwestern ihres Vaters, die ebenfalls im Wertheimer'schen Haushalt lebten, intellektuell gefördert. In diesem anregenden Klima absolvierte Camilla das weibliche Programm des bürgerlichen Bildungsspektrums: Unter der Anleitung von

Hauslehrern lernte sie Geschichte, Französisch, klassische Literatur und Klavierspiel. Sie belegte die neu eingerichteten Kurse für moderne Fremdsprachen und war eine begeisterte Theaterbesucherin. Selbstverständlich war die vielseitig begabte junge Frau ein gern gesehener Gast in der Wiener Gesellschaft und sie nahm auch am wöchentlichen »Lesekränzchen«, das im Hause Wertheimer stattfand, teil. So lernte sie den in Philosophie und Jura promovierten Georg Jellinek kennen. Sein umfangreiches Wissen, der Witz und die Originalität des neun Jahre Älteren beeindruckten Camilla. Georg Jellinek entstammte einer jüdischen Familie, sein Vater war einer der renommiertesten Rabbiner Wiens. Zunächst verhinderten wirtschaftliche Gründe eine gemeinsame Zukunft, denn als Privatdozent für Rechtsphilosophie verfügte er über kein gesichertes Einkommen, das eine bürgerliche Familie ernährt hätte. Erst als er zum außerordentlichen, aber besoldeten, Professor für Staatslehre von der Wiener Universität berufen wurde, konnte das Paar die dreijährige Verlobungszeit beenden und 1883 heiraten. Da die österreichischen Gesetze eine interkonfessionelle Ehe verboten, trat Camilla Wertheim aus der Katholischen Kirche aus. Das junge Paar wollte den Ruf von Georgs Vater durch einen Gemeindeaustritt des Sohnes nicht belasten. Die Schwiegertochter trat trotz eigener jüdischer Großeltern in keine Gemeinde ein.

Camilla Jellineks achtundzwanzig Jahre währende Ehe war sehr glücklich. Als Hochbetagte erinnerte sie sich stets mit großer Freude in Gesprächen mit Marianne Weber, ihrer frauenpolitischen Mit- und Vorstreiterin, an ihre lebendige Kinderstube. Als sie im zweiten Ehejahr ihren Sohn Paul gebar, erfüllte sie von ganzem Herzen ihre erste und nach eigenen Aussagen auch eigentlich »liebste Pflicht, ihre Rolle als Gattin, Mutter und Hausfrau«. Paul war der Liebling des stolzen Vaters. Bis 1893 folgten Walter, Dora, Paula, Otto und Fritz. Als der Erstgeborene 1889 mit fast fünf Jahren an Diphtherie verstarb, war dies ein schwerer Schicksalsschlag für die Familie. Ein ebensolcher Verlust traf die Familie 1896 mit dem frühen Tod ihres schwerstbehinderten Jüngsten. Noch in der österreichischen Hauptstadt folgte ein weiterer Schock:

Antisemitische Bewegungen und Ressentiments mehrten sich im gesellschaftlichen Wien der Jahrhundertwende. Diese verhinderten Georg Jellineks Karriere in Österreich, schließlich wurden seine Bemühungen um ein Ordinariat nach vier Jahren endgültig abgelehnt. Die Begründung lautete, man wolle eine »Verjudung« der Universität verhindern. Georg Jellinek protestierte, unter großer öffentlicher Aufmerksamkeit erklärte der Rechtsgelehrte sein Ausscheiden aus dem österreichischen Staatsdienst. Er wechselte nach Berlin und Basel. 1890 wurde er nach Heidelberg berufen und die Familie zog ein letztes Mal um.

Teil des »Weltdorfes« Heidelberg

Im Frühjahr 1891 kam die Familie in Heidelberg an. Für die Eheleute begann eine fruchtbare Zeit. Bald war das Wiener Paar ein wesentlicher Teil des liberalen »Weltdorfes«, wie Camilla die Universitätsstadt zur Jahrhundertwende bezeichnete. Damit traf sie den Kern, der den Mythos Heidelbergs und seine akademisch geprägte Gelehrtengeselligkeit nach der Gründerzeit bestimmte. Der Jasper'sche »Heidelberger Geist« war diese einzigartige Mischung aus Internationalität, geistiger Innovation und kosmopolitischem Arbeiten mit jungen und eifrigen Intellektuellen, die in dem kleinen, beschaulichen und naturnahen Ort mit seiner Gelehrtentradition ermöglicht wurde.

Die Jellineks hatten Teil an den geselligen Strukturen, die das Heidelberger Milieu prägten. Gäste wurden nicht selten mit Camillas reichhaltiger Wiener Küche verwöhnt, denn die Wienerin war eine exzellente Köchin. Diese gerühmte Geselligkeit bewegte sich in den Möglichkeiten und Grenzen ihrer Zeit. Entsprechend verstanden und praktizierten die geistig aufgeschlossenen Kreise jene Liberalität, für die Friedrich Gundolf später den Spruch »Dem lebendigen Geist« über dem Eingang der Neuen Universität fasste. Gemäß den gesellschaftlichen Konventionen waren Frauen und Nachwuchskräfte vom innersten und entscheidendsten Zirkel der Heidelberger »Geheimratsgeselligkeit« ausgeschlossen.

Eine typische Situation dieser Zeit und dieser Kreise schilderte Camilla Jellinek 1916 im Organ des Bundes Deutscher Frauenvereine (BDF), *Die Frau*. Noch nach fast zwei Jahrzehnten benannte sie die diskriminierenden Verhältnisse jener Jahre. In ihrem Aufsatz »Die Frau und der Staatsgedanke« berichtete Jellinek unter anderem über eine Veranstaltung, der sie selbst als Gast beiwohnte. Einer der namhaftesten Heidelberger Staatsrechtler sprach bei dieser Gelegenheit eine Huldigung auf die Leistungen, die Frauen für den Staat erbrachten, aus. In seinem Trinkspruch würdigte er das umfangreiche Wissen der Frauen vom »Staate« und betonte, dass Männer ein solches niemals erwerben könnten. Seine Gestik als auch der Zusammenhang der Rede machten damals mehr als deutlich, dass der Staatsrechtsexperte in diesem Falle nicht das Fachwissen von Frauen um den Aufbau der Verfassung oder der Monarchie meinte. Sein Spruch griff vielmehr das Klischee vom »putzsüchtigen« Charakter von Frauen auf, denen ein unerschöpfliches Wissen in Sachen »Kleiderputz« und »Kleiderstaat« zugeschrieben wurde. Der anekdotisch geschilderte Vorfall mochte humorvoll wirken, er verdeutlichte jedoch den frauenfeindlichen Kern dieser Haltung, die den Frauen eine schmückende Funktion im Staate zuwies.

»Rechtsschutzstelle für Frauen und Mädchen«

Ab 1900 wurde Camilla Jellinek frauenpolitisch aktiv. Die jüngere Marianne Weber stiftete Jellinek dazu an, sich der gesellschaftlichen Missstände, von denen Frauen betroffen waren, anzunehmen. Nach dem Dresdner Vorbild von Marie Stritt sollte Webers Ansicht nach auch in Heidelberg eine Rechtsschutzstelle für Frauen und Mädchen eingerichtet werden. Unkundige und vermögenslose Frauen sollten dadurch die Möglichkeit einer kostenfreien, aber sachkundigen Rechtsberatung erhalten. Weber sah Jellinek als geeignete Kandidatin für solch eine umfassende und wegweisende Aufgabe in Heidelberg an.

Um das Engagement Jellineks zu erwirken, berichtete Marianne Weber zunächst Georg Jellinek über das Vorhaben und die

Dresdner Erfahrungen. Der Professor war den Bestrebungen der Frauenbildungsbewegung gegenüber aufgeschlossen, schließlich hatte er schon in Webers Verein »Frauenbildung-Frauenstudium« als Rechtsexperte vorgetragen. Sie erklärte ihm das Konzept, dass gebildete Frauen durch ihr Vermögen, durch ihre Zeit und durch ihre ehrenamtliche Arbeit eine einzigartige Hilfe sein können. Zugleich zerstreute sie seine Befürchtungen um seinen Ruf, so dass er nunmehr ein frauenpolitisches Engagement seiner Frau befürwortete. Auch Camilla war von der Notwendigkeit solcher Rechtsschutzstellen überzeugt. Die Vierzigjährige hatte mit der praktischen Rechtshilfe von Frauen in Not eine neue Lebensaufgabe gefunden. Wie stark diese neue Aufgabe sie und ihr Lebensumfeld bestimmte, zeigte eine Postkarte aus dem Jahr 1905. Als das Ehepaar nach Nordeuropa reiste, schrieb Georg Jellinek an die zu Hause gebliebenen Kinder, die Mutter wolle sich in Spitzbergen mit drei erfahrenen Eisbärinnen treffen, um sie zur Gründung einer Rechtsschutzstelle zu bewegen.

Wie arbeitete nun diese Frauenrechtsschutzstelle, deren Leitung Jellinek übernahm? Die Heidelberger Vereinsfrauen boten eine Sprechstunde in einem leer stehenden Schulraum oder im Rathaus an. Heidelbergerinnen aller Schichten griffen das Angebot in Konfliktfällen wie Lohn-, Dienst- und Mietfragen auf. Besonders die Fälle von Ehekonflikten zeigten, dass von den Rat suchenden Frauen nicht nur eine fachkundige Rechtsberatung gefordert wurde, sondern eine einfühlsame Lebenshilfe für die unterschiedlichsten Lebensfragen. Dieser Aspekt war ein Argument für ein Arbeitskonzept, dass Frauen für Frauen arbeiten sollten. Einem männlichen Rechtsanwalt wären zahlreiche Fälle nicht berichtet worden. Gerade in Fällen von sexueller Gewalt und Belästigung argumentierten die Vereinsfrauen mit der weiblichen Scham. Damit erklärten sie auch den Ausschluss von männlichen Fachleuten von der direkten Beratungsarbeit im Verein.

Juristin »durch Anlage, Selbstbestimmung, praktische Ausübung«

Die Arbeit in der Rechtsschutzstelle schulte Jellinek in allen Fragen zur Rechtsauslegung, zur Rechtssetzung und -entwicklung, die Frauen betrafen. Ab 1906 brachte sie ihren Sachverstand als Mitarbeiterin der Rechtskommission auf Reichsebene in den BDF ein, 1908 übernahm sie deren Leitung. In den folgenden fünf Jahren waren es besonders zwei Themenbereiche, denen ihr Engagement galt: die Kellnerinnenfrage und der § 218, das Abtreibungsverbot.

In der Universitätsstadt waren es nicht die Arbeiterinnen, die auf der untersten Stufe der sozialen Pyramide rangierten und Not litten, sondern die Dienstmädchen und die Kellnerinnen. Durch ihre Heidelberger Beratungsarbeit hatte Jellinek Einblick in deren Berufsprobleme wie Dienstzeiten, niedrigen Lohn und schlechte Wohnverhältnisse erhalten. Schließlich stellten sie einen Grossteil der Rat suchenden Frauen dar. Ihre Arbeitsplätze wiesen durch die Nähe zum Dienstherrn und zum Publikum spezielle Probleme auf, zumal die Berufsgruppe der Kellnerinnen durch einen gesellschaftlich anrüchigen Ruf belastet war. Dem widmete sich Jellinek 1907 in ihrem Aufsatz »Kellnerinnenelend«. Darin klärte sie die Öffentlichkeit über deren miserable Arbeitsbedingungen und die Ausbeutung in den Gasthäusern, die sexuellen Belästigungen und die Gefahren der Prostitution auf. Als Hilfsmaßnahme schlug sie die Einrichtung einer sicheren und günstigen Unterkunft für alleinstehende Frauen in der Nähe ihrer Arbeitsstellen vor. Die Heidelberger Bevölkerung erbrachte durch eine Sammlung 2000 Mark Startkapital, die Stadt unterstützte das Vorhaben durch einen Mietzuschuss von 200 Mark. Am 12. November 1907 eröffnete das Kellnerinnenheim in der Kernaltstadt, schon Anfang 1909 schloss die Einrichtung wieder. Die Lebens- und Arbeitswelt der Kellnerinnen war für Jellinek völlig fremd und das Heim stellte keine adäquate Lösung für das Problem dar. Jellinek änderte ihre Strategie, sie wandte sich von sozialfürsorgerischen Maßnahmen ab und setzte auf rechtliche Restriktion. Diesen Weg verfolgte sie in ihrer Zeit, als sie Vorsitzende des BDF war, als sie ihre Forderungen nicht nur in die politische Diskussion, sondern in die langjährigen Reformprozesse des Strafgesetzbuches einbrachte.

Jellinek forderte das gesetzliche Verbot, Frauen als Gastwirtsgehilfinnen zu beschäftigen. Eine von ihr verfasste Petition wurde bei allen entscheidenden Stellen eingereicht – beim Reichstag, beim Bundesrat und beim Reichsjustizamt. Die Petition war mit 100 000 Unterschriften unterstützt worden. Ihr Konzept, durch rechtlich gesetzte Verbote Schutzmaßnahmen für Frauen der unteren Schichten zu erwirken, blieb jedoch nicht ohne Kritik. Die Stuttgarter Kellnerinnen-Organisation opponierte. Und in der Tat, Jellinek verkannte in ihrem Fürsorgestreben, dass Frauen aus ökonomischer Notwendigkeit arbeiten mussten. Demnach war politisch kein sittenbewahrendes Arbeitsverbot zu fordern, sondern eine Veränderung der Arbeitsbedingungen zu erwirken. Diese mehr gewerkschaftlich orientierte Position bestimmte die weitere Diskussion der Kellnerinnenfrage, in Jellineks Arbeit spielte das Thema kaum mehr eine Rolle. Auch im Konflikt um eine Strafrechtsreform des § 218/219 scheiterte Camilla Jellinek mit ihrer Position im weiten politischen Spektrum der bürgerlichen Frauenbewegung. Nach langen Diskussionen innerhalb der Rechtskommission vertrat Jellinek die radikale Forderung nach einer ersatzlosen Streichung. Auf der 9. Generalversammlung des BDF in Breslau argumentierte sie strikt mit dem Selbstbestimmungsrecht der Frau. Doch im BDF waren erstmals Delegierte des Deutsch-Evangelischen Frauenbundes vertreten, sodass konservative Positionen die Mehrheit bestimmten und Jellinek und andere mit ihren Forderungen scheiterten. Dass sie diese überhaupt vertrat, war auch für Jellinek radikal. Sie erklärte dazu, dass »man doch meist sehr konservativ zu sein [pflegt] in Dingen, über die man nicht genügend nachgedacht [hat ...]. Darüber besteht für mich kein Zweifel: wenn die Männer die Kinder zu gebären hätten – ein männlicher § 218 wäre nie geschaffen worden!« Jahre später würdigte Gustav Radbruch Jellineks Mut und Verstand in ihrem wegweisenden Kampf gegen den § 218.

»*Frauen unter deutschem Recht*«

Als Georg Jellinek 1911 verstarb, war dies ein tiefer Einschnitt für Camillas Leben. Sie wandte sich verstärkt den frauenpolitischen Aufgaben zu, zumal die Kinder mittlerweile ihre eigenen Wege gingen. Mit dem Ausbruch des Ersten Weltkrieges folgte sie der nationalen Erhebung: Die Unterstützung des Staates wurde zur zentralen Aufgabe, gesellschaftsreformerische Ansätze zurückgestellt.

Mit Marianne Weber rief sie die Heidelberger Gruppe des Nationalen Frauendienstes ins Leben; sie organisierte die Heimatfront. Jellinek leitete die Arbeitsvermittlung für Frauen und sorgte dafür, dass nach der Mobilmachung der Soldaten keine Lücken im Staats- und Wirtschaftsorganismus entstanden, sondern die freien Posten mit Frauen besetzt wurden. Mit Kriegsbeginn wurden Verbots- und Schutzbestimmungen aufgehoben, sodass Frauen nun Stellen besetzen konnten, die ihnen zuvor versagt waren. Bis ins Jahr 1918 war Jellineks erstes Anliegen, mit ihrem Dienst die Kriegsführung und -bewirtschaftung des Kaiserreiches zu ermöglichen.

Im Revolutionsjahr 1918 begann Jellinek wieder für Frauenrechte zu kämpfen. Sie war davon überzeugt, dass das Frauenstimmrecht und die formale Gleichberechtigung, die in der Verfassung festgeschrieben war, keine Garantie dafür waren, dass die Gleichberechtigung tatsächlich umgesetzt wurde. Camilla Jellinek übernahm weitere Ämter. 1926 bis 1930 hatte sie den Vorsitz des badischen Verbandes für Frauenbestrebungen inne und forderte, sich uneingeschränkt für Frauenrechte zu engagieren. Jellinek publizierte über ihre Arbeit, so erschien 1928 *Frauen unter deutschem Recht*. Die Studie war eine Auftragsarbeit, die der BDF an die Achtundsechzigjährige weitergeleitet hatte. Auf Anregung des Internationalen Frauenbundes entstand ein einhundert Seiten starkes Handbuch, das den aktuellen Stand der Rechtslage für Frauen in Deutschland in kompakter Form wiedergab. Die Untersuchung sollte Teil einer Reihe werden, die einen europäischen Rechtsvergleich zur Lage von Frauen ermöglichte und eine Argumentationshilfe für Rechtsforderungen auf der europäischen

Bühne bieten. Um den internationalen Gebrauch zu ermöglichen, beschränkte sie sich auf die Reichsebene und stellte Sonderwege und Details der Länder und Kirchen durch Verweise und mit Kürzungen dar. Für das Inland diente die Arbeit als Nachschlagewerk und Handbuch. Zehn Jahre nach Kriegsende lag somit eine Arbeit vor, die eine Bilanz der veränderten rechtlichen Stellung von Frauen darstellte. Zur Rechtslage von Frauen im Beruf und in den Sozialversicherungen schrieb Frau Oberregierungsrat Dr. Käthe Gaebel, die Leiterin des Frauenberufsamtes des Bundes Deutscher Frauenvereine in Berlin. Frau Dr. Emmy Rebstein-Metzger, Rechtsanwältin in Mannheim, behandelte das Thema »Die Frau als Staatbürgerin«. Camilla Jellinek schrieb über die »Frau im Strafrecht« und »als Gattin, Mutter und Vormund«.

1930 würdigte die Juristische Fakultät der Universität Heidelberg ihr frauen- und sozialpolitisches Engagement, indem sie Camilla Jellinek die Ehrendoktorwürde beider Rechte verlieh.

Die nationalsozialistische Machtergreifung von 1933 beendete weit mehr als nur die rechtsstaatliche Basis der Weimarer Republik. Auch Camilla Jellineks Lebenswerk wurde zerstört. Die unabhängigen Frauenbewegungen wurden aufgelöst oder in das NS-System eingegliedert. Im April 1933 löste Gertrud Scholtz-Klink, Leiterin der NS-Frauschaft, den badischen Verband für Frauenbestrebungen auf. Die Frauen-Rechtsschutzstellen wurden der NS-Volkswohlfahrt zugeschlagen. Gertrud Scholtz-Klink forderte von der Gründerin und Vorsitzenden des Heidelberger Vereins, sie solle ihr Amt wegen »nicht-arischer« Herkunft aufgeben. Massiver Druck und das Motiv, die Vereinsarbeit nicht zu gefährden, veranlassten Camilla Jellinek schließlich, den Vorsitz niederzulegen.

Die Sorge um ihre Existenz und um ihre Familie bestimmten die folgenden Jahre. Am 5. Oktober 1940 verstarb Camilla Jellinek nach Krankheit und schwerem Leiden. Ihr blieb es erspart, die schlimmsten Verfolgungen gegen ihre Familie miterleben zu müssen – die Flucht ihres Sohnes Walter, die Deportation der Tochter Dora nach Theresienstadt und den Tod ihres Sohnes Otto nach den Misshandlungen in der Gestapo-Haft.

»Wer zur Selbstverantwortlichkeit befähigt ist, ist auch dazu berufen«

Die Frauenrechtlerin Marianne Weber (1870–1954)

In goldenen Lettern ist der Name »Max-Weber-Haus« am Gebäude Ziegelhäuser Landstraße 17 zu lesen. Die heutige Max-Weber-Forschungsstelle ist der Ort, an dem Marianne Weber nahezu fünfzig Jahre lebte, der ihre Wahlheimat wurde. Die Protagonistin der bürgerlichen Frauenbewegung schuf dort den Hauptteil ihres schriftstellerischen, wissenschaftlichen und politischen Oeuvres und bearbeitete den Nachlass ihres Mannes Max Weber. Als Herausgeberin seiner Schriften trug sie dazu bei, seinen Ruf als Begründer der verstehenden Soziologie und als »Mythos von Heidelberg« zu festigen.

Im Salon des Weberschen Hauses etablierte das Ehepaar jenen »Heidelberger Geist«, indem sie auch Frauen und junge Nachwuchskräfte zu ihrer akademischen Geselligkeit einluden. Auch als Witwe pflegte Marianne Weber diese Geselligkeitsform. Mit Wagemut führte sie ihre sogenannten »Geistertees« während der zwölf Jahre der NS-Diktatur weiter und wirkte nach 1945 am demokratischen Aufbau Heidelbergs mit.

»Ich trug stets ein Buch in der Tasche«

Inmitten des Deutsch-Französischen Krieges wurde Marianne Schnitger am 2. August 1870 in Oerlinghausen/Lippe geboren. In ihrem dritten Lebensjahr verlor sie ihre Mutter Anna, deren Persönlichkeit sie sich erst Jahrzehnte später durch zufällig gefundene Briefe erschließen konnte. Ihr Vater, ein Arzt, erkrankte geistig und gab die Erziehung der Tochter an Verwandte in Lemgo weiter. Die heranwachsende Marianne empfand die Rollenerwartungen, die an eine Frau des kleinbürgerlichen Milieus herangetragen wurden, als schmerzlich und ungesund. Die Perspektive, als

1950

Haustochter zu leben und Blumentöpfe in kaum genutzten Räumen abzustauben, stellten für sie ein »geistraubendes Gräuel« dar. Noch in ihren Lebenserinnerungen beschrieb sie sich als eine Suchende, die sich nach geistiger Erweiterung sehnte und stets ein Buch bei sich hatte. 1887 besuchte die Siebzehnjährige auf Betreiben ihres Großvaters ein international anerkanntes Mädchenpensionat in Hannover, dessen Ausbildungsschwerpunkt auf Fremdsprachen und musischer Bildung lag. Danach lebte sie bei ihrer Tante in Oerlinghausen. Marianne war Erbin einer der reichsten deutsch-englischen Handelsfamilien des 19. Jahrhunderts. Ihre Mutter war die Tochter des Leinenfabrikanten Carl David Weber aus Bielefeld gewesen. Deren Erbe wurde von einem Verwalter betreut, bis Marianne erwachsen war. Sie war finanziell stets unabhängig und war sich ihrer privilegierten Stellung bewusst.

1891 besuchte sie die Familie ihres Großonkels Max Weber sen. in Berlin. Ihre Großtante Helene Weber, geb. Fallenstein, war sozialpolitisch engagiert und eröffnete ihr in Berlin-Charlottenburg den Kontakt zu den liberalen Kreisen um Friedrich Naumann. Diese Begegnungen animierten sie, in die Hauptstadt zu ziehen. 1892 ließ sie »ihre Adern vom schnellen Rhythmus des Berliner Lebens durchrauschen«, wie sie es in der Biografie ihres Mannes beschrieb. Sie war nach Berlin gekommen, um Malerei zu studieren. Sie wohnte wieder bei den Verwandten und lernte dort ihren Cousin zweiten Grades näher kennen: »Nein, dieser Koloß ist nicht schön und nicht jugendlich, aber in jeder Gebärde ein machtvoller M a n n und trotz seiner Massigkeit von geheimer Anmut der Bewegung«. So beschrieb sie das erste Kennenlernen ihres künftigen Mannes, Max Weber jun., in seiner Biografie.

In seinem Verlobungsbrief schrieb ihr Max, dass er seinen Weg zu gehen habe, wohin er ihn auch führe. Sollte sie sich für ihn entscheiden, so hätte sie sein Los mitzutragen. Marianne entschied sich für ihn und ließ nie nach, ihn zu bewundern. Noch auf dem Grabstein verzeichnete sie, dass es seinesgleichen nicht mehr gäbe. In ihrer Vorbereitungszeit auf den Ehestand wurde Marianne gezielt für die Führung eines bürgerlichen Haushaltes geschult. Diesen Arbeitsbereich überließ ihr der sechs Jahre ältere Gefährte und ermahnte die intellektuell strebsame Frau, keine Verachtung für die »Nur-Hausfrauen« zu entwickeln. Als sich Marianne in ihrer Brautzeit allerdings mehr für die Lektüre von Bebel oder Paulsens Einführung in die Philosophie interessierte als für das Mitgiftnähen, da fürchtete ihre künftige Schwiegermutter Schlimmes. Doch der vermögenden Marianne standen künftig Dienstmädchen zur Seite, die ihr die tägliche Hausarbeit abnahmen, so dass sie sich ein Leben als intellektuelle Frau leisten konnte.

Im Frühling 1893 wurde in Oerlinghausen mit einem Familienfest im großen Rahmen geheiratet. An der Seite von Max entwickelte Marianne ihre intellektuellen Talente weiter, setze sich gemäß der von ihm herausgearbeiteten protestantischen Arbeitsethik ein »Soll«, um keine Zeit zu ›verläppern‹: ›Denn man darf doch nicht immer so leben, nur um zu leben.‹

Nach dem ersten Ehejahr erhielt der Nationalökonom einen Ruf an die Freiburger Universität, so zog das junge Paar in den Süden.

»Er wurde die Sonne meiner Tage, die ich umkreiste«

Mit Sondererlaubnis begann die Professorengattin ein Studium. Als Frauen noch von allen deutschen Universitäten ausgeschlossen waren, hörte Marianne Weber Philosophie und Nationalökonomie an der Albert-Ludwigs-Universität. 1895 entwickelte sie, angeregt durch eine Englandreise, ihr Interesse an Ehe- und Geschlechterfragen. Die spezielle Problematik des Ehebruchs wurde Ausgangspunkt ihrer umfassenden Arbeiten zur Rechtsstellung von Ehefrau und Mutter, zu den sozialethischen Aufgaben von Liebe, Ehe und Partnerschaft. Marianne Weber förderte ein Wissenschaftsverständnis, das auch auf reflektierten Erfahrungen und nicht allein auf Theorien basierte.

Die Webers huldigten in ihrer siebenundzwanzigjährigen Ehe dem Ideal einer freien und gleichen Beziehung zueinander. Sie pflegten das Bild von zwei Gefährten, die sich intellektuell befruchteten. Ihr Konzept von geistig eigenständigen Partnern war christlich verankert und darüber hinaus mit einem hohen politischen und sittlichen Auftrag versehen. Die Ehe war für sie die unauflösbare Keimzelle des Staates. Nach außen galten sie als akademisches Vorzeigepaar, das Krisen gemeinsam meisterte.

In Wirklichkeit lebte das kinderlose Paar eine Josephsehe. Marianne himmelte ihren Gatten an. Daran änderten auch seine beiden langjährigen Geliebten nichts, von denen Marianne wusste. Else Jaffé war Max Webers Schülerin. Mina Tobler war Pianistin; sie erschloss dem Soziologen ein tieferes musikalisches Verständnis, das er für seine musikhistorischen Studien benötigte. In den vier gemeinsamen Jahren beflügelte sie ihn geradezu, allein für *Wirtschaft und Gesellschaft* schrieb er 1000 Seiten. Marianne Weber hatte sowohl mit Else Jaffé-Richthofen als auch mit Mina Tobler freundschaftlichen Kontakt und widmete beiden einen Band von Max Webers Werk. Das Weber'sche Ehekonzept war für bourgeoise Kreise durchaus modern, eine emotionale, erotische oder ökonomische Gleichrangigkeit war für sie außerhalb ihres Denkhorizontes.

1897 wurde der Nationalökonom als Ordinarius nach Heidelberg berufen. Eine glänzende Laufbahn lag vor ihm und Marianne war die ideale Gefährtin. Von ihm gefördert führte sie ein eigenes geistiges Leben und gesellte sich zu den Frauen, die für die volle Bildungs- und Berufsmöglichkeit kämpften. Mit fast dreißig Jahren gründete sie die Heidelberger Sektion des Vereins »Frauenbildung – Frauenstudium«. Der Verein vertrat ein modernes Frauenbild, das Frauenerwerbsarbeit und Mutterschaft für bürgerliche Frauen, Schutzbestimmungen und Bildungsmöglichkeiten für Arbeiterinnen propagierte. Die Bewegung wertete es als Erfolg, dass der Reichstag 1891 nach langjähriger Petitionseingabe über das Frauenstudium debattierte. Der Verein bot öffentliche Vorträge und Veranstaltungen zu allgemeinbildenden und frauenpolitischen Themen an, so zum Beispiel zur Dienstbotenfrage:

Ein gut besuchter Vortag in der Stadthalle eröffnete das Thema. Als die Referentin täglich eine Stunde Aufenthalt im Freien und Zeit für Persönliches sowie einen Rentenbeitrag für die Dienstboten forderte und zu einer Vereinsgründung mit Vertreterinnen der Arbeitgeber und der Dienstmädchen anregte, folgte nur gefälliger Applaus. Das anschließende Schweigen war für die diskussionsfreudige Heidelberger Bürgerschaft untypisch, wie die Heidelberger Zeitung berichtete. Erst eine nachfolgende öffentliche Diskussionsrunde zeigte, dass die akademisch situierte Bürgerschaft kein Interesse an einem finanziellen Eigenbeitrag hatte, um die Arbeitsbedingungen für Dienstmädchen zu verbessern. Mit Staunen registrierte Marianne Weber den Standpunkt ihres bildungsbürgerlichen Milieus. Als ihre Hausgehilfin ein uneheliches Kind erwartete, der langjährige Liebhaber keine Verantwortung übernahm, sondern an seiner Ehe festhielt, da zweifelte Marianne an der Unangreifbarkeit der Institution Ehe und übernahm die Patenschaft für das nicht ehelich geborene Kind.

Nach einem Zerwürfnis mit seinem dominanten Vater und dessen Tod, fiel Max Weber in eine langjährige Depression, die ihn zur Arbeitsunfähigkeit führte. Als er seine Stelle niederlegte, wurde er von Marianne emotional und finanziell getragen; in ihren Worten hieß dies »dienen«. Während sie den einst gefeierten Universitätslehrer mit handwerklichen Tätigkeiten beschäftigte, baute sie ihr eigenes geistiges Leben weiter aus.

1900, im Jahr der Erstzulassung von Studentinnen, erschien ihre erste Publikation. Ihre Studie zu Sozialismusvorstellungen bei Marx und Fichte war die Ausarbeitung einer Freiburger Seminararbeit und wurde quasi als Dissertation gehandelt.

1907 veröffentlichte Weber *Ehefrau und Mutter in der Rechtsentwicklung*. Bis heute ist die Arbeit ein brillanter Klassiker der Frauengeschichte; sie schuf den akademischen Ruf Marianne Webers als eine der bekanntesten Wissenschaftlerinnen und war einer Habilitation ebenbürtig. Dieser berufsqualifizierende Weg stand Frauen allerdings erst ab 1920 offen. Den Gedanken an eine professionelle Laufbahn als Wissenschaftlerin gab Marianne Weber in Heidelberg auf. Sie lehnte verkrustete akademische Gepflogenheiten der universitären Professorenkultur und deren Wissenschaftsbetrieb ab.

In der Einleitung ihrer Rechtsstudie legte Marianne ihr Thema, ihre wissenschaftliche Perspektive und die Eigenständigkeit der Arbeit offen. Die Kulturgeschichte der Ehe habe sie vom Standpunkt der Frauen aus geschrieben und den aktuellen Stand des Bürgerlichen Gesetzbuches (BGB) berücksichtigt. Als Ehegattin, so die Autorin, habe sie sich mit ihrem Mann ausgetauscht, doch allein sie habe die Arbeit gelenkt. Damit baute sie Verdächtigungen vor, eine Professorengattin könne kein eigenständiges Werk verfassen. Im Umkehrschluss wurde allerdings nicht nach ihrer Beteiligung an seinem Werk gefragt. Die Untersuchung beschrieb verschiedene Rechtssysteme, deren Veränderungen und die Folgen für Frauen. Universalgeschichtlich konzipiert, analysierte Weber die frühen Hirtenvölker, alte Hochkulturen, das europäische Mittelalter, die Aufklärungszeit und die nur sieben Jahre des BGB. Sie widmete die Arbeit ihrer Schwiegermutter Helene Weber.

Im Veröffentlichungsjahr 1907 wurde die Autorin erstmals zur Sprecherin einer der unblutigen Revolutionen des 19. und 20. Jahrhunderts – der Frauenbewegungen. Auf dem Evangelischen Sozialen Kongress in Straßburg redete Marianne Weber erstmals im großen Kreis. Die »begnadete Rednerin« behandelte die Problematik des Frauendaseins, der Liebe sowie der Würde und sittlichen Kraft der Ehe. Ihr Manuskript hatte sie mit Anleitung von Max erarbeitet, und sie war in diesem Falle seine Sprecherin; so trug sie im wissenschaftlichem Jargon vor.

Mittlerweile war sie eine öffentlich bekannte Persönlichkeit, die es verstand, versiert mit Angriffen gegen Frauen umzugehen. Als Privatdozent Ruge im Dezember 1910 auf eine Frauentagung des Bundes Deutscher Frauenvereine (BDF) reagierte und behauptete, die Frauenbewegung bestehe aus »alten Mädchen, sterilen Frauen, Witwen und Jüdinnen«, setzte sie eine pointierte Gegendarstellung in die Heidelberger Zeitung. Zuerst klärte sie Unwissende über den Mütteranteil in der Frauenbewegung auf, der bei 70 Prozent lag. Und sie erklärte das Ideal der »sozialen Mutterschaft«, das den Frauen eine spezifische Kulturaufgabe zuschrieb, mit der sie gestalterisch auf die Gesellschaft einwirken sollten. Ferner hob sie den Beitrag der »israelitischen Frauen« am karitativen Wirken hervor. So kennzeichnete sie Ruges Polemik als unsachliches »Bierbankgerede«, dem die Frauenbewegung keine sachliche Antwort schulde: »Mit einem Manne freilich, dessen Auslassungen unvornehm sind und der sachliche Probleme vermengt mit Insinuationen gegen die Personen der Gegner, die er dann noch dazu nicht eindeutig zu bezeichnen den Mut findet – mit dem diskutiert [...] die Frauenbewegung [...] rein sachlich überhaupt nicht.«

1910 zogen die Webers in ihre Villa Fallenstein auf der Südseite des Neckarufers. Auf der sonnenverwöhnten Riviera von Heidelberg mehrten sich die Besucher; das Leben war übervoll.

Diskussionen wurden in ihrem Hause geradezu zelebriert. Um den Menschenstrom zu kanalisieren, veranstalteten die Webers ab 1912 ihre Teegesellschaft. Der Sonntagnachmittag war der Jour fixe, zu dem Professoren mit Gattinnen, Studierende und literarisch Interessierte aus dem Umfeld des George-Kreises eingeladen waren. Damit führten die Webers das weiter, was der Januskreis seit 1909 praktizierte: Eine Geselligkeitskultur, die offen war für beide Geschlechter und die sich von der üblichen Heidelberger »Geheimratsgeselligkeit« abhob, bei der Frauen und der wissenschaftliche Nachwuchs normalerweise ausgeschlossen waren. Die offene Art der Weberschen akademischen Gesellschaft war dagegen eine Revolution im geselligen Leben der Universitätsstadt. Max und Marianne Weber waren das Zentrum dieser Geselligkeit, die Emil Lask als ihre »Menagerie« beschrieb. Im großen Salon der Beletage beteiligten sich alle Gäste am freien und offenen Gespräch über Musik, Literatur, Philologie oder über ethische Fragen. Nach Marie Baum wurden die Nachmittage beendet, indem »der Hausherr in freier Rede das angeschlagene Thema in Weite und Tiefe abrundete«. Allerdings war die Rede gar nicht so frei und unvorbereitet, wie dies zu sein schien. Marianne berichtete, dass sich Max gerade auf diese Augenblicke sehr gut vorbereitete, um den Schlusspunkt als scheinbare Eingebung setzen zu können.

Die Mobilmachung des Ersten Weltkrieges beendete abrupt die akademische Geselligkeit. Die Webers teilten die patriotische Erhebung und stellten ihre Kräfte dem Kriegsdienst zur Verfügung. Max arbeitete in der Verwaltung, Marianne organisierte mit Camilla Jellinek den »Nationalen Frauendienst« in Heidelberg. Sie leistete Fürsorgedienst in der Altstadt. Gleichzeitig führte sie ihre wissenschaftliche Arbeit als Publizistin weiter.

1917 veröffentlichte Marianne Weber ihre Studie *Vom Typenwandel der studierenden Frau.* Mitten im Krieg analysierte sie die Studentinnengenerationen, die sie seit 1900 an der Universität kennen gelernt hatte. Sie arbeitete den klassischen, den heroischen Typ heraus, zu denen auch Rahel Strauss zählte. Ihr Studium war erwählt und erkämpft, diese Generation war strebsam für ihr ganzes Geschlecht. Ein romantischer Studentinnentyp löste die ersten Kämpferinnen ab und fand andere Ausgangsbedingungen vor: Frauen waren an den Universitäten als Studentinnen toleriert, in den Familien wurde eine akademische Ausbildung für Töchter denkbar. Studentinnen entwickelten eine neue Ausrichtung auf das Leben, wünschten sich die Vereinbarkeit von persönlichem Glück und Berufsorientierung. Sie passten sich nicht kritiklos in die männlich ausgerichteten Universitätsstrukturen ein. Diese Generation forderte nun andere Antworten von der Institution.

»Politisches Zwischenspiel« 1919

Am 19. November 1918 traten die Webers in die linksliberale Deutsche Demokratische Partei (DDP) ein, Marianne kandidierte bei den Parlamentswahlen und wurde gewählt. Sie zählt zu den ersten deutschen Politikerinnen, die ein demokratisch legitimiertes Mandat übernahmen. Mit acht weiteren Frauen zog sie in die verfassungsgebende Nationalversammlung und in den badischen Landtag ein. Ein Antrag, den sie in der Verfassungskommission stellte, bewirkte, dass vier unscheinbare Worte in die Grundrechte aufgenommen wurden, sie lauteten: »ohne Unterschied des Geschlechts«. Mit spürbarem Stolz erklärte Marianne ihrer Freundin Marie Baum in einem Brief, dass Frauen dadurch zu allen öffentlichen Ämtern zugelassen werden mussten, zu denen sie befähigt waren. Sie hatte die rechtliche Gleichstellung von Frauen in Art. 11 der badischen Verfassung erwirkt.

Die Gesellschaft war im Umbruch. Als Parlamentarierinnen mussten sich die Frauen zurechtfinden. Ein ungeheurer Erwartungsdruck lastete auf den Pionierinnen. Der Thron, Zeichen monarchischer Macht, war noch nicht aus dem Karlsruher Ständehaus verschwunden, sondern in eine Ecke geschoben. Als Marianne während einer Sitzungspause ihre Brotstulle im Landtag unter den Resten des Thronhimmels verzehrte, erregte dies erhebliches

Aufsehen. Der *Badische Beobachter*, ein zentrumsnahes Blatt, echauffierte sich über das Demokratieverständnis der Abgeordneten. Erst als ihr Mann über die Geschichte lachte, bewertete Marianne den Vorfall als das, was es war – eine amüsante Bagatelle.

Im Landtag wurde mit Marianne Weber erstmals eine Frau Schriftführerin. Als Mitglied der Petitionskommission behandelte sie Themen wie den Schutz weiblicher Angestellten, die religiöse Erziehung der Kinder, die endgültige Zulassung der Frauen zum Studium und zu allen akademischen Berufen. Am 15. Januar 1919 ergriff sie das Wort im badischen Landtag. Durchaus mit Provokation verkündete sie die Bereitschaft der Frauen, sich den Herausforderungen der Republik zu stellen: »Ich glaube sagen zu dürfen, dass wir [Frauen, I.S.] besser [..] vorbereitet sind, als vielleicht die meisten von ihnen glauben.« 1919 übernahm Marianne Weber den Vorsitz im Bund deutscher Frauenvereine (BDF), der Dachorganisation aller bürgerlichen Frauenvereine Deutschlands. Ihre Wahl war eine Verlegenheitslösung. Alice Salomon war die eigentliche Kandidatin, die den bürgerlichen Frauen wegen ihrer jüdischen Herkunft nicht wählbar schien, sodass Marianne Weber die konsensfähige Kandidatin war.

Bereits im Oktober 1919 legte sie ihr Mandat im badischen Landtag nieder. Zum einen stand der Umzug nach München bevor, Max Weber hatte einen Ruf an die dortige Universität erhalten. Zum andern war Marianne Weber mit dem im Parlament gepflegten, männlich geprägten Politikstil nicht einverstanden. In *Parlamentarische Arbeitsformen – Eine Plauderei* reflektierte sie ihr politisches Zwischenspiel. Sie forderte grundsätzlich andersartige Arbeitsformen für die demokratische Volksvertretung. Das Parlament solle nicht zu »Schwatzkammern« verkommen, sondern sachorientiert arbeiten, um machtplänkelnde Positionskämpfe zu beenden.

»Geistertees« der Witwe

Ihre Münchner Zeit begann vielversprechend, doch war sie kurz und vom Tod belastet. Nach dem tödlichen Unfall ihrer Schwägerin Lilli adoptierten die Webers deren vier Waisen. Es war eine überraschende und späte Elternschaft, auf die sie sich vorbereiten wollten. Doch zu einem gemeinsamen Familienleben kam es nicht. Am 14. Juni 1920 verstarb Max Weber an den Folgen einer Lungenentzündung. Für die Witwe brach die Welt aus den Fugen. Sie legte alle öffentlichen Ämter nieder und widmete sich ganz dem Nachlass ihres Mannes. Fortan war sein Schreibtisch ihr »Altar, die von ihm geweihte Stätte«, wie sie es in seiner Biografie festhielt.

Sie überwand die Krise und es folgte eine lange, eigene Schaffensperiode von vierunddreißig Jahren. Ab 1922 lebte sie wieder in ihrer Villa Falkenstein in Heidelberg. Junge Menschen, Schützlinge und Verwandte sammelten sich um sie. Wieder übernahm sie ein politisches Mandat. In den Jahren 1922 bis 1926 war sie Stadträtin für die Heidelberger DDP. 1926 gab sie die Biografie *Max Weber. Ein Lebensbild* heraus, wofür ihr die juristische Fakultät der Universität den Ehrendoktor verlieh.

An das gesellschaftliche Leben der früheren Zeit knüpfte sie an und erweckte die akademische Geselligkeit zu neuem Leben. Ab 1924 lud sie vierzehntägig zu ihren »Geistertees« ein. Vorträge eröffneten die Runden, anschließend wurde diskutiert.

In ihren Lebenserinnerungen stellte sie fest, dass sie erst ab 1929 als wissenschaftliche Publizistin in Frauenfragen die »richtige Marktgängigkeit« bekommen habe. Zwar sei das ewige Wiederkäuen derselben Themen für sie in all den Jahren nicht ergötzlich, doch für die breiten Schichten offenbar notwendig gewesen. Im Folgejahr feierte sie ihren 60. Geburtstag; es war noch ein frohes und großes Fest.

Ab 1933 veränderte sich ihr Kreis. Die Themen waren vorsichtiger gewählt, politische Diskussionen wurden umgangen. Einige Gäste, besonders die Studierenden, zogen sich aus dem Kreis zurück. Doch trotz der Bedrohung in der NS-Zeit hielt Marianne Weber an ihren Sonntagen fest. Die Gesinnungsgenossen stärkten sich gegenseitig im Glauben und Wissen um die Unzerstörbarkeit geistiger Werte; besonders für die aus rassistischen Gründen entlassenen Lehrkräfte der Universität war der intellektuelle Austausch ein Lebenselixier. Vereinzelt konnte Bedrängten des NS-Regimes geholfen werden. Die Teegesellschaft war eine »Oase, in einer Zeit, da die Umwelt einer Wüste glich«.

Nach dem Ende des Zweiten Weltkrieges war Marianne Weber frauenpolitisch wieder zur Stelle und übernahm mit Dr. Marie Clauss den Ehrenvorsitz des Heidelberger Frauenvereins. Die Ärztin hatte zusammen mit dem Pfarrer der Heilig-Geist-Gemeinde Hermann Maas und Marie Baum jüdischen Mitmenschen während der NS-Zeit zur Flucht verholfen. Am 25. Juli 1946 saßen die beiden Frauen der überparteilichen Initiative vor, die auf Betreiben der promovierten Volkswirtin Ilse Krall (CDU) gründet worden war. Es war eine Notgeburt, denn nach dem Krieg brachten die ersten Stadtratswahlen im Mai 1946 »nur Männer« in den Rat – obwohl unter den Wahlberechtigten doppelt soviele Frauen waren wie Männer und die Wahlbeteiligung unter den Frauen bei 80,8 Prozent lag. Vor diesem Hintergrund kam es zur Gründung des Heidelberger Frauenvereins. Die überparteiliche, überkonfessionelle Initiative betrat frauenpolitisches Neuland. Die Frauen überwanden die tradierten Spaltungen der alten Frauenbewegung in bürgerliche, proletarische, jüdische, gemäßigte oder radikale. Besonders die jüngeren wie die (noch) parteilose Erdmuthe Falkenberg forderten die Teilhabe von Frauen in allen politischen Fragen, agierten massiv gegen die Folgen einer »Nurmännerpolitik«.

Nachträglich gelang es den Heidelbergerinnen, einzelne Ausschüsse zu besetzen, diejenigen für Gewerbe, Ernährung, Wirtschaft und Polizei, sowie der Spruchkammer. Auch die Aktion einer eigenen Frauenliste aller Parteien war erfolgreich. Unter dem Motto »Frauen wählt Frauen« waren nach den Dezemberwahlen 1947 vier Frauen im Gemeinderat vertreten: Agnes Beck (CDU), Sophie Berlinghof (KPD), Ilse Krall (CDU) und Hanna Walz (DP/DVP). Die Sozialdemokratinnen waren in den Reihen ihrer Partei geblieben und traten nicht auf der Frauenliste an. Zu dieser Zeit hatte Marianne Weber sich aus dem aktiven politischen Geschehen zurückgezogen.

Ihren Teekreis, der ihr zum Lebensmittelpunkt geworden war, behielt sie bei und wurde damit zur Institution. Am 12. März 1954 verstarb Marianne Weber. Nach ihrem Tod trafen sich ehemalige Gäste ihres Hauses als »Marianne-Weber-Kreis« im Kurpfälzischen Museum, mit Blumen vor ihrem Bild führten sie ihre »Geistertees« weiter.

»Mit ihrer natürlichen Anmut gewann sie alle«

Die erste deutsche First Lady Louise Ebert

(1873–1955)

Louise Ebert war die erste »First Lady« Deutschlands. Als Gattin des ersten gewählten Reichspräsidenten, des Sozialdemokraten Friedrich Ebert, erlebte sie an seiner Seite die deutsche Revolution und den großen Umbruch von 1918/19, das Ende der Monarchie und den Beginn der Weimarer Republik.

Die ehemalige Dienstbotin und Etikettenkleberin repräsentierte gewissermaßen »die weibliche Seite« der Weimarer Republik und trat mit »würdevoller Bescheidenheit« die Nachfolge der Kaiserin Auguste-Victoria, Prinzessin von Schleswig-Holstein-Augustenburg, an.

Mit »Familienstammtischen« gestaltete die fünffache Mutter den Rückhalt für die politische Karriere ihres Mannes. Sie sei eine »tapfere Kampfgefährtin« gewesen, würdigte sie der SPD-Vorsitzende Erich Ollenhauer 1955 in seiner Trauerrede auf dem Heidelberger Bergfriedhof.

»Sehr viel Schweres und Trübes habe ich [...] über mich ergehen lassen müssen«

Louise Rumpf wurde am 23. Dezember 1873 in Melchiorshausen geboren. Sie entstammte einer niedersächsischen Landarbeiterfamilie und wuchs in ärmlichen Verhältnissen auf. Mit zwölf Jahren wurde sie Jungmagd auf einem Hof. Gegen 1885 zog die Familie nach Bremen in eine Souterrainwohnung. Die Mutter arbeitete als Wäscherin, die Tochter war ein »Mädchen vom Lande« und wurde Dienstmädchen bei einer großbürgerlichen Bremer Familie.

In der freien Hansestadt wurde sie konfirmiert. Die ärmliche und beengte Situation der Familie bewog Nachbarn, die kommunale Armenwohlfahrt über die Not der Rumpfs zu informieren.

Eine überraschende Inspektion durch die bürgerlich-ehrenamtliche Wohlfahrtspflege zeigte allerdings, dass Sauberkeit und Ordnung trotz der Schwierigkeiten vorbildlich waren.

Ein Jahr vor ihrem Tod schrieb sie ihrem ältesten Sohn in Ostberlin über ihre Kindheit, dass sie »sehr, sehr viel Schweres und Trübes« über sich habe »ergehen lassen müssen«.

Mit siebzehn ermöglichte ihr ältester Bruder, dass Louise in die Fabrikarbeit wechselte. Trotz der elterlichen Vorbehalte gegen den schlechten Ruf von Arbeiterinnen ging sie in eine Tabakfabrik. Diese Branche war seit den 1840er Jahren gewerkschaftlich organisiert und von einem entsprechendenen Selbstbewusstsein getragen. Als Etikettenkleberin wurde Louise Rumpf besser bezahlt, hatte einen klaren Arbeitssektor und geregeltere Arbeitszeiten als in »Stellung«.

Mit 10,50 Mark Wochenlohn bei einer Arbeitszeit von 53 Stunden hatten Kistenbekleberinnen den höchsten Lohn unter den Frauen. Dennoch wurden sie wesentlich niedriger entlohnt als die am schlechtesten bezahlte Gruppe der männlichen Berufe, die Zigarrenmacher, die 17 Mark bei 60 Wochenstunden erhielten. Das ermittelte der spätere Mann von Louise für das Jahr 1901, als er Bremer Arbeitersekretär war. Ähnliche Werte können für die Zeit angenommen werden, als Louise selbst in der Tabakbranche arbeitete. Die Arbeiterbewegungen fassten in den 1890er Jahren des Wilhelminischen Kaiserreiches ihre Forderungen in die Formel »8 Stunden Arbeit, 8 Stunden Erholung, 8 Stunden Schlaf«.

Rumpf engagierte sich gewerkschaftlich, um die unmenschlichen Lebens- und Arbeitsbedingungen der industrialisierten kapitalistischen Welt zu verändern. Gekämpft wurde um mindestens eine 36-stündige, ununterbrochene Ruhezeit pro Woche, das Verbot von gesundheitsschädigender Produktion, das Verbot von Kinderarbeit unter 14 Jahren und von Frauennachtarbeit.

1893 übernahm die Zwanzigjährige den zweiten Vorsitz im »Central Vorstand des Verbandes der in Holzbearbeitungsfabriken und auf Holzplätzen beschäftigten Arbeiter und Arbeiterinnen«. Mit diesem Schritt befand sie sich an der gefährlichen Schwelle zur Illegalität. Zwar waren die Bismarckschen Sozialistengesetzte 1891 nach 13 Jahren aufgehoben worden, doch das Verbot einer politischen Betätigung von Frauen bestand weiterhin. Das Vereinsrecht kriminalisierte politisch aktive Frauen über ein halbes Jahrhundert bis 1908. Dennoch, die Hanseatinnen zeigten ein hohes Maß an proletarischer Selbstorganisation, denn bereits 1892 hatten die »Kistenkleberinnen Bremens« eine der wenigen weiblichen Delegierten zum Gewerkschaftskongress in Halberstadt geschickt.

In diesem Milieu lernte Louise Rumpf Friedrich Ebert kennen. Sie war eine große und attraktive junge Frau von 18 Jahren, die dem sozialdemokratischen Genossen und selbstständigen Sattlermeister bei gewerkschaftlichen Versammlungen begegnet war. Nach dem ersten Jahr ihrer Freundschaft zog Ebert innerhalb Bremens in ihre Nähe. Am 9. Mai 1894 heiratete das Paar standesamtlich. Fünf Monate später inserierten die Eltern zwei Tage nach der Geburt ihres ersten Sohnes Carl Friedrich, dass ein »kleiner ›Umstürzler‹« zur Welt gekommen sei. Keines ihrer fünf Kinder, die bis 1900 zur Welt kamen, wurde getauft.

In den ersten drei Ehejahren lebte Louises Mutter im Haushalt und im Familienbetrieb der Eberts. Noch vor der Hochzeit hatte Friedrich die florierende Gastwirtschaft »Zur Guten Hilfe« übernommen, fortan verband er seine Parteiarbeit mit dem Broterwerb. Damit er sich der Partei widmen konnte, übernahm Louise die Verantwortung für den Gastwirtsbetrieb. Die wachsende Familie etablierte sich; 1896 wurden die Eberts Bürger der Hansestadt, der Sozialdemokrat konnte für die Bürgerschaft kandidieren.

Mit 26 Jahren drohte Louise gesundheitlich zusammenzubrechen, die Mehrfachbelastung von Kindern, Haushalt, Wirtschaftsbetrieb, Schwangerschaft und Parteikarriere des Mannes hatten die Frau 1899 an ihre Grenzen gebracht. Die Eberts gaben die Wirtschaft auf, Ebert wurde ab 1900 hauptamtlicher Arbeitersekretär. Noch im ersten Jahr legte er einen statistischen Bericht über Bremer Arbeiterinnen vor.

Der Parteiarbeiter Ebert vertrat den reformistischen Kurs der SPD. 1905 wurde der 34-Jährige zum hauptamtlichen Sekretär des Parteivorstandes gewählt.

1900 zog die Familie ins kaiserliche Berlin. Den Mentalitätswechsel zum militaristischen Preußen erlebten die Kinder in der

Schule. Wegen ihrer Religionslosigkeit wurden sie in der Schulkartei als »Dissidenten« geführt, die Mutter konnte daran nichts ändern. Grundsätzlich war das familiäre Leben der Eberts nach kleinbürgerlichen Wertevorstellungen ausgerichtet. Familiensinn und Feste waren tief verankerte Werte; vor allem hieß es »Disziplin üben«, pünktlich zu Tisch zu kommen und die höheren Orts aufgestellte Hausordnung absolut einzuhalten, wie sich Karl Ebert erinnerte.

1914 zerstörte der Kriegsausbruch das geordnete Familienleben. Am 28. Juni war das Attentat auf den österreichischen Thronfolger und seine Frau verübt worden. Kurz darauf brachen die Eberts mit den beiden Jüngsten zur Sommerfrische nach Rügen auf. Im Lauf der außenpolitischen Entwicklung erkannte Ebert die Gefahrendimension. Der Vorsitzende der SPD, er hatte die Nachfolge des »Arbeiterkaisers« August Bebels im September 1913 angetreten, reiste am 28. Juli nach Berlin zurück. Louise Ebert folgte ihm am nächsten Tag. Die Kinder blieben, sie sollten ihre Ferien genießen. Am 1. August erfolgte die Mobilmachung Deutschlands, drei Tage später stimmte die SPD den Kriegskrediten zu, um das »Vaterland zu verteidigen« und hielt in ihrer Mehrheit an ihrer »Burgfriedenspolitik« fest.

In bis dahin ungekannter Weise griff der Alltag des modernen Krieges in das zivile Leben der Heimat ein. Im »Steckrübenwinter« 1916/17 verhungerten allein 700.000 Menschen; der Krieg wurde zur Material- und Menschenschlacht. Die Folgen des Krieges erlitten die Eberts im Februar 1917 in ihrer eigenen Familie: sie verloren ihre Söhne Heinrich und Georg. Die Traueranzeigen setzten sie in den sozialdemokratischen *Vorwärts*. Davon unberührt forderte die Politik den Einsatz aller Kräfte: Als Philipp Scheidemann am 9. November 1918 die Republik vom Balkon des Reichstagsgebäudes ausrief, wurden Ebert, dem Vorsitzenden der stärksten Fraktion im Reichstag, die Staatsgeschäfte vom letzten kaiserlichen Reichskanzler, Prinz Max von Baden, übergeben.

Am gleichen Tag erklärte die Ex-Kaiserin, sie sei nunmehr keine »Landesmutter« mehr und reiste in ihr holländisches Exil. Damit begann für Louise gewissermaßen ihre Zeit als »Erste Dame im Niemandsland«. Als Gattin des amtierenden »Retters im Chaos« hatte sie eine bis dahin nicht existierende und damit nicht definierte Rolle zu übernehmen.

Nachdem die blutigen Aufstände von Dezember und Januar vorüber waren und die Nationalversammlung zur Arbeit nach Weimar ausgewichen war, wurde Friedrich Ebert am 11. Februar 1919 zum Reichspräsidenten gewählt. Louise war die Gattin des deutschen Staatsoberhauptes und lebte mit der Familie im ehemaligen Großherzoglichen Schloss in Weimar. Mit dem Einzug in die Berliner Dienstwohnung wurden die Erwartungen deutlich, die an die Erste Frau der Weimarer Republik herangetragen wurden – sie hatte zu repräsentieren.

Bei Damentees mit den Gattinnen der Staatssekretäre, Staats- und Diplomatenempfängen war sie die Frau des Reichspräsidenten, alleine oder an seiner Seite. Einen eigenen Titel als »Reichspräsidentin« führte sie nicht und sie verfügte auch nicht über Personal, das sie in der neuen Aufgabe unterstützte. Offizielle Einladungen waren sachlich gehalten: »Der Reichspräsident und Frau Louise Ebert« laden ein.

Die ehemalige Arbeiterin redete offen und natürlich über ihre Vergangenheit, sie war authentisch. Damit gewann sie ihr Gegenüber. Anerkennend wurde ihr attestiert, sie habe einen »neuen würdigen Stil« geschaffen. Die »gute deutsche Bürgersfrau« führte ansonsten ihren Haushalt weiter wie gehabt, sie kochte selbst, holte Kohlen aus dem Keller, legte das Feuer auf und reklamierte – angesichts der frierenden Volksmassen – die Energieverschwendung in der komplett beheizten Dienstwohnung.

Noch im Revolutionsjahr 1919 unterstützte Louise Ebert die Sozialdemokratin und Reichstagsabgeordnete Marie Juchacz bei der Gründung der Arbeiterwohlfahrt. Die wohltätige, aber disziplinierende bürgerliche Unterstützung von Armen sollte einer modernen Sozialarbeit weichen. Professionell geschulte Kräfte, wie sie von der Infrastruktur der Arbeiterkultur ausgebildet wurden, sollten die Hilfe zur Selbsthilfe fördern. Eine republikanische Sozialarbeit sollte entstehen.

1921 übernahm Louise die Schirmherrschaft für die Deutsche Kinderhilfe, eine Aufgabe, der sie auch als Witwe verbunden blieb, indem sie 1931 zu Spenden für die Jugendorganisation Zugscharen aufforderte.

Während der politischen Krise und der Verleumdungscampagne gegen ihren Mann, der als »Vaterlandsverräter« bezeichnet wurde, erlitt sie zwei Unfälle. Zur Jahreswende 1924/25 forderte sie Friedrich auf, das Amt niederzulegen, um seinen gesundheitlichen Zusammenbruch zu verhindern. Im Februar verstarb er an den Folgen einer verschleppten Blinddarmreizung.

Das erste Staatsbegräbnis der jungen Republik folgte am 5. März in Heidelberg. Stadtpfarrer Hermann Maas predigte am Grabe des Kirchenlosen, Louise Ebert wurde von ihrer Freundin Katharina Kardoff von Oheimb unterstützt.

Trotz der Trauer hatte die Witwe die Dienstwohnung zügig zu räumen. Nach schriftlichem Hin und Her erhielt sie mit Unterstützung der Republik ein »Gnadenquartier«, das der Witwe des ersten Reichspräsidenten angemessen war, und eine Pension, die dem Höchstsatz der Beamtenpensionen entsprach. Für sie auskömmlich, im Vergleich zu den Reichen deren »Benzinkasse«, so Kurt Tucholsky.

Als sichtbares demokratisches Bekenntnis hängte Louise Ebert eine große schwarz-rot-goldene Fahne aus ihrer Wohnung. Als Adolf Hitler 1933 das Ansehen des ersten Reichspräsidenten während des Wahlkampfes verunglimpfte, richtete die Witwe ein Protestschreiben an den Reichspräsidenten General a. D. Paul von Hindenburg. Es erfolgte keine Reaktion mehr ab April waren sie, ihre Söhne Karl und Friedrich den Verfolgungen der SA ausgeliefert. Sie zog in eine kleinere Wohnung nach Treptow und nahm ihren Sohn Karl nach dem Freitod seiner Frau in der Wohnung auf. Bis April 1943 überlebte sie den NS-Terror und den Krieg in Berlin. Als sie ausgebombt war und alle Erinnerungsstücke ihres Mannes verloren hatte, zog sie in den Schwarzwald und anschließend nach Heidelberg.

In Neuenheim, in der Nähe ihres jüngsten Sohnes, stellte sie als anerkannte Persönlichkeit Referenzschreiben für laufende Entnazifizierungsverfahren aus. Zu ihrem 80. Geburtstag erhielt sie von der Stadt Heidelberg eine Ehrenurkunde für ihre Verdienste für das Land. Im kleinen Kreise erwähnte sie, dass die Teilung Deutschlands »mitten durch ihr Herz« gehe, denn Friedrich Ebert jun. war nach dem Krieg SED-Funktionär und Oberbürgermeister von Ost-Berlin geworden. Karl Ebert war in der Heidelberger Stadtverwaltung und in der SPD des Stuttgarter Landtages tätig.

Am 18. Januar 1955 erlag Louise Ebert einem Herzanfall. In der Zeitschrift »Gleichheit« schrieb Marie Juchacz, Ebert habe »ein langes Leben hindurch aus Überzeugung und Treue zur Arbeiterbewegung gehört« und habe »in allen Situationen« zu ihr gehalten.

Mit ganzer Kraft für den Aufbau einer menschlicheren Gesellschaft

Die Wissenschaftlerin und Politikerin Marie Baum

(1874–1964)

Marie Baum war von ihrer Erstausbildung promovierte Chemikerin. Ab 1902 gab sie ihrem Leben eine neue Ausrichtung. Sie nahm die Stelle als badische Fabrikinspektorin an und begann gewissermaßen eine Laufbahn als professionelle Feministin. Mit ganzer Kraft widmete sich Marie Baum dem Aufbau einer menschlicheren Gesellschaft, die Ungleichheiten und Diskriminierungen behob, denen Frauen und Männer durch ihr Geschlecht unterlagen.

Noch oft ging sie neue Wege, allerdings nicht immer freiwillig. So wurde die Universitätsdozentin 1933 der NS-Ideologie folgend aus rassistischen Gründen in den Ruhestand »versetzt«. Ihre Biografie ist sowohl in der persönlichen als auch in der beruflichen Entwicklung das Gegenteil eines geradlinigen Lebenslaufes. Baum übte mehrere Berufe gleichzeitig und nacheinander aus: Sie war Wissenschaftlerin, Politikerin, Publizistin und Sozialbeamtin.

Ebenso vielseitig war ihre Persönlichkeit. Baum konnte herzhaft lachen und spielte gerne Theater, sie war gefühlvoll und auch depressiv. In der Sache konnte sie streng sein. Nahezu unerbittlich war sie in Situationen, in denen sie sich einem weniger qualifizierten Mann auf Grund der traditionellen Hierarchie der Geschlechter unterordnen sollte. Die Ehrenbürgerin der Universität Heidelberg, die von ihren Freundinnen »Bäumchen« genannt wurde, blieb sich selbst und ihren Mitstreiterinnen stets treu – allen voran ihrer Gefährtin Ricarda Huch.

Danzig, Zürich, Berlin

Marie Baum wurde am 23. März 1874 in Danzig geboren. Die Familie bewohnte ein großes Haus mit Garten, das ihrem Vater, dem Leiter des städtischen Krankenhauses, als Dienstwohnung zur Verfügung stand. Baum wuchs in einer bildungsbürgerlichen Atmosphäre auf, in der die Eltern dem Streben nach Wissen und Erkenntnis der Kinder keine Grenzen setzten. Die Bücherregale waren frei zugänglich; sie unterlagen nur einem einzigen Verbot – die »eigentlichen Jung-Mädchen-Bücher« hatten sogenannte »Contrebande« und wurden nicht gelesen.

Ihre Mutter, Flora Baum, war naturwissenschaftlich interessiert. Sie war im Vorstand des Danziger Vereins »Frauenwohl«. Die Töchter profitierten in ihrem späteren Leben sowohl von den dort angebotenen Haushaltskursen als auch von den Gesprächen über Rechtsberatungen. Die Eltern förderten eine berufsqualifizierende Ausbildung von Marie. Kurse von »Frauenwohl« bereiteten sie auf die Prüfungen an einem staatlichen Knabengymnasium vor, an dem sie das Abitur als Externe ablegte. Am 3. August 1893 erhielt sie ihr Zeugnis und brach zum Studium in die Schweiz auf, wo das reguläre Frauenstudium zugelassen war.

Mit 19 Jahren begann sie in Zürich Mathematik, Physik und Chemie zu studieren. Im internationalen Studentinnenverein um die Wienerin Lucia Morawitz traf sie auf eine offene und experimentierfreudige Gesellschaft und schloss lebenslange Freundschaften. Beim Mittagstisch lernte sie Ricarda Huch kennen, die zur Freundin wurde »so nahe, wie es selbst unter Geschwistern nicht häufig ist«. Sie wurde Baum zum »Maß«, weil »bei ihr jeder Blick auf Welt und auf Menschen durch das Medium der Liebe ging.«

Marie Baum absolvierte ihr Studium mit Eifer und spielerischer Rebellion. In einem Seminar, in dem das Vortragen und Präsentieren geübt wurden, referierte sie das Thema »Goldmachen in alten und neuen Theorien«. Der ausgearbeitete Vortrag wurde ihre erste Veröffentlichung. Die Mitstudenten reagierten mit Missbilligung auf das ungewöhnliche Thema und ihre Herausgehensweise. Mit 22 Jahren bekam sie von ihrem Doktorvater die Stelle einer Laboratoriumsassistenz angeboten. Es war der Unterstützung durch Studienkollegen und den Lehrkörper zu verdanken, dass sie, die Frau aus dem Ausland, die Stelle erhielt und nicht ein »Schweizerbürger«. Finanziell stand Baum auf eigenen Füßen und konnte nach dem Tod ihres geliebten Vaters (1897) ihre Promotion in Chemie beenden.

Ab Oktober 1899 war die Chemikerin in der Patentabteilung der AGFA in Berlin beschäftigt. Es war eine Tätigkeit, die sie nicht ausfüllte. Die Größe der Reichshauptstadt, das Elend der sozialen Gegensätze und das Berliner Lebensgefühl stießen sie ab. Noch vor Vertragsende verließ sie die AGFA, um beruflich neue Wege zu gehen.

Badische Fabrik- und Gewerbeinspektion in Karlsruhe

Durch die Netzwerke ihrer Mutter wurde Marie Baum angefragt, ob sie badische Fabrikinspektorin werden wolle. Ihre Vorgängerin, Elisabeth von Richthofen, später Jaffé, beabsichtigte zu heiraten. Als verheirateter Frau war es ihr untersagt, ihre Berufstätigkeit weiter auszuüben. Die sogenannte »Zölibatsklausel« verbot es bürgerlichen Frauen, Beruf und Familie zu vereinbaren. 1902 zog Marie Baum nach Baden und wurde Nachfolgerin Elisabeth Jaffés. Als wissenschaftliche Mitarbeiterin der Fabrikinspektion hatte Baum die Aufgabe, die Arbeitsverhältnisse von Frauen und Jugendlichen zu erfassen. Dies war notwendig, nachdem die Reichsgewerbeordnung 1891 neue Schutzmaßnahmen für die Frauenarbeit erlassen hatte.

Mit Rad, Bahn, Wagen und zu Fuß besuchte Baum die 1600 Gemeinden des Großherzogtums; nur wenige ließ sie aus. Mit Fragebögen, Formularen zum Arbeitsablauf, mit Tarifverträgen und Arbeitsordnungen ausgestattet, nahm sie die Arbeitsverhältnisse vor Ort in Augenschein. Weit über das erforderlich Maß einer Fabrikinspektion hinausgehend erstellte sie wissenschaftliche Studien. 1906 veröffentlichte sie die Ergebnisse in *Drei Klassen von Lohnarbeiterinnen in Industrie und Handel der Stadt Karlsruhe*. Sie behandelte die Residenzstadt exemplarisch und unterschied zwischen Fabrik- und Konfektionsarbeiterin und Geschäftsgehilfin. Neben der materiellen Situation beleuchtete ihre Untersuchung die gesundheitlichen Folgen, die das Arbeiten und das Arbeitsumfeld für die Arbeiterinnen mit sich brachten. Tabuthemen wie Menstruation, die Schutzbedürftigkeit junger Frauen während ihrer Entwicklungsjahre oder die körperliche und seelische Entwicklung von Frauen während des Arbeitslebens waren ihr besonders wichtig und eröffneten ihr eine Fragestellung, mit der sie sich künftig genauer auseinandersetzen sollte: Im Kapitel »Persönlichen Leben der Arbeiterinnen« behandelte sie die Frage von Lebensplanung und damit die von der Vereinbarkeit von Berufs- und Familienarbeit von Frauen. Sie schloss das Werk mit der Forderung nach Arbeitszeitverkürzung für Arbeiterinnen: »Zur Vertiefung des persönlichen und beruflichen Lebens gehört Zeit. Verkürzung der Arbeitsdauer ist die unerlässliche Grundbedingung für ihre Durchführung.«

Baum hatte die Stelle der badischen Fabrikinspektorin unter gleichrangigen Arbeits- und Besoldungssituationen zu ihren männlichen Kollegen angetreten. Dies änderte sich grundlegend, als sie einen neuen Vorgesetzten erhielt. Er entzog ihr die Vertretungsbefugnis, indem er diese nur männlichen Kollegen zugestand, und er verordnete ihr einen jüngeren niederqualifizierten Kollegen zur Korrektur und Beurteilung ihrer Arbeit. Über das Jahr verschärfte sich die Lage. Die Maßregelungen fanden in der *Frankfurter Allgemeinen Zeitung* ihren öffentlichen Niederschlag, als Max Weber für Marie Baum Partei ergriff und den Beamten »Geschlechtseitelkeit« zuschrieb. Für die Fabrikinspektorin war die Situation inakzeptabel geworden. 1907 legte sie die Lebensstellung als Beamtin nieder.

Säuglingsfürsorge und Familienpflege

Im heißen Sommersemester 1907 studierte Marie Baum in Heidelberg geisteswissenschaftliche Fächer. Sie besuchte die Weber'sche Gesellschaft und befreundete sich dauerhaft mit Max und Marianne Weber. Im Herbst verließ sie Heidelberg erneut und trat die

Geschäftsführung des Vereines »Säuglingsfürsorge« mit Sitz in Düsseldorf an. Im niederrheinischen Industriegebiet setzte sie ihre in Karlsruhe begonnenen Studien fort. Auch hier war der Zusammenhang zwischen beengten Wohnverhältnissen, schlechten Hygienestandards, Armut und Säuglingssterblichkeit eklatant. Maries Arbeitsfeld erweiterte sich zur »Familienpflege«. Sie richtete Kurse für Hebammen, Wanderlehrerinnen und Fürsorgerinnen ein, um mit Schulungen Wege aus schlechten Verhältnissen aufzeigen zu können und Verbesserungen zu ermöglichen. Nach Marie Baum sollten Fürsorgerinnen im Idealfall zu Volksmüttern werden. Theoretisches und empirisches Material für den neuen Zweig der Wohlfahrtspflege lieferte sie selbst durch ihre zahlreichen Erhebungen. Das sich entwickelnde Berufsbild der Familienfürsorgerin sah sie vom Verantwortungs- und Tätigkeitsspektrum gleichrangig mit Ärzten und kommunalen Beamten, was sich nach ihrer Ansicht auch in einem angemessenen Gehalt zeigen sollte.

Ihr Modell einer beruflichen Gleichstellung von Frauen und Männern scheiterte allerdings an der Praxis, die Frauenarbeit niedriger entlohnte als Männerarbeit. Dieses unabwendbare Ärgernis, Heimweh nach Heidelberg und die Entfernung zu Ricarda Huch, die in München lebte, erschwerten ihr das Düsseldorfer Leben.

Mit dem Kriegsbeginn 1914 waren ihre Kräfte für die Kriegsfürsorge gebunden. Ab 1915 organisierte sie den Aufbau von Bezirksfamilienfürsorgestellen in Düsseldorf, denn der Wehrsold reichte oft nicht für die Versorgung der Soldatenfamilien aus. Um Familien zusammenzuhalten, verhinderte Baum den Zwangseinsatz von Frauen in Munitionsfabriken und sorgte für deren Unterhalt. Ihre Arbeit war so überzeugend, dass der Danziger Oberbürgermeister sie in ihre Heimatstadt berief, damit sie nach dem Düsseldorfer Modell die Kriegsfürsorge in Danzig aufbaue.

Im Herbst 1916 fragte Gertrud Bäumer, ob Marie Baum zusammen mit ihr die Leitung der neu gegründeten sozialen Frauenschule in Hamburg übernehmen wolle. Sie wollte, Baum zog nach Hamburg. An der Seite Bäumers, einer führenden Persönlichkeit der bürgerlichen Frauenbewegung, fand Baum im Kollegium und mit den Schülerinnen die sozialen Kontakte, die sie so schmerzlich vermisst hatte. Baum lehrte Armen- und Wohlfahrtspflege, Geschichte der kirchlichen »Liebesarbeit«, Volkswirtschaft und Sozialpolitik und sie schulte die Frauen auf der Basis ihrer praktischen Erfahrungen.

Politikerin – und politisch motivierte Beamtin

Am 19. November 1918 trat Baum mit Gertrud Bäumer und Marianne Weber der DDP bei. Sie wurde in die Nationalversammlung gewählt und zählt zu den ersten 37 weiblichen Abgeordneten im Reichstag. Ihre Arbeitsgebiete waren der überparteiliche Fachausschuss für soziale Angelegenheiten und der Frauenerwerbsausschuss. Vehement wandte sie sich gegen Initiativen von Parlamentskollegen, die sich dafür aussprachen, dass Frauen ihre Arbeitsstelle verlassen sollten, um heimkehrenden Soldaten Platz zu machen. Sie scheiterte. Der Abstimmung zur staatsbürgerlichen Gleichberechtigung von Frauen und Männern (WRV Art. 108) blieb Baum fern; zuzustimmen war nicht auf Parteilinie, abzulehnen widerstrebte ihrem Gewissen. Die Parlamentsarbeit stellte sie grundsätzlich nicht zufrieden, denn ihre Einschätzung, durch Politik Fraueninteressen vertreten zu können, bewahrheitete sich nicht. Im Februar 1921 legte Marie Baum ihr Mandat in Berlin nieder und folgte der Karlsruher Vorgabe, nur einem Herrn, dem badischen Arbeitsministerium, zu dienen, wo sie im Herbst 1919 wieder eine Beamtenstelle angenommen hatte. Nachdem für Baum die arbeitsrechtlichen Bedingungen sichergestellt waren, dass sie ihren männlichen Kollegen gleichgestellt war, leitete sie dort das Referat Wohlfahrtspflege.

Die Not der Nachkriegszeit erforderte kein Verwaltungshandeln, sondern Fantasie und Improvisationstalent. Sie betreute beispielsweise die Arbeitsvermittlung von Frauen, die Wärmestuben und Mittagstische, die Heizmaterialien und Rentnerheime. Hier war es vor allem die nach dem Krieg neu entstandene Gruppe der Sozial- und Kleinrentner, deren Bezüge geregelt werden mussten. Insbesondere galt es, die hungernden und frierenden Kinder zu versorgen. Baum ermöglichte, dass der Fürsorgeverein Kindererholungsfürsorge Heuberg dem Arbeitsministerium als Landeseinrichtung eingefügt wurde. Ab Sommer 1920 kamen bis zu 3000 Kinder auf das Gelände der ehemaligen Kaserne, um dort Ferien zu machen. Die ausgezehrten Stadtkinder erlebten ein reformpädagogisches Erziehungskonzept und Erholung in naturnaher Umgebung.

Ein letztes Mal reichte Baum ihr Entlassungsgesuch aus dem Staatsdienst ein. Sie schied als eine der wenigen Frauen aus dem Amt einer Oberregierungsrätin, als ihre Kompetenzen im Arbeitsministerium durch geänderte Strukturen beschränkt wurden, und begann mit 54 Jahren eine freiberufliche Tätigkeit. Sie publizierte über modernes Familienleben, wandte sich gegen eine empirische Reduzierung von Soziologie und näherte sich wieder der wissenschaftlichen Analyse von staatlichem Wohlfahrtshandeln. 1926 bezog sie ihre letzte Heidelberger Adresse; es war das Gebäude des alten Karmeliterinnenklosters am Ende der Hauptstraße, in dem sie nahezu vierzig Jahre lang lebte.

Ab 1928 war Baum Hochschuldozentin an der Universität Heidelberg. Acht Jahre, nachdem Frauen das Recht zur Habilitation erkämpft hatten und fünf Jahre, nachdem mit Gerda von Ubisch in Baden erstmals eine Frau zur außerordentlichen Professorin berufen worden war, erhielt Marie Baum einen Lehrauftrag von sechs Wochenstunden – Baum war nicht habilitiert. Die Dimension dieser Ausnahmegenehmigung zeigt staatlicherseits das dringende Interesse, die Erfahrungen und das Wissen nutzen zu können, das sich Baum im Laufe ihrer außergewöhnlichen Berufslaufbahn erarbeitet hatte. Die Fakultät hingegen beharrte im Schriftverkehr mit dem Ministerium ausdrücklich darauf, dass die Lehrbefugnis ohne formale Habilitation eine Ausnahme darstellte. Davon unabhängig erhoffte sich die Hochschule, durch Baums Persönlichkeit einen Diskurs eröffnen zu können, der die Grenzen der wissenschaftlichen Disziplinen und der Hochschule überschritt. Ihr Unterricht war überaus erfolgreich, die Studierenden lernten von ihr und von ihrem anderen Lehrstil. Die Praktikerin Baum zeigte, was sie seit ihrer Promotion geblieben war: Wissenschaftlerin.

»Teil des anderen Deutschlands«

Der Lehrauftrag für »Soziale Fürsorge und Wohlfahrtspflege« wurde ihr 1933 abrupt entzogen. Gemäß der Durchführungsverordnung des »Gesetzes zur Wiederherstellung des Berufsbeamtentums« wurde Baum – wie weiteren 56 der 201 Dozenten, wegen nichtarischer Abstammung gekündigt. Sie empfand es als »Ausstoßung«. In ihrem *Rückblick auf mein Leben* schrieb sie, dass ihr, nachdem der erste Schock vorbei war, klar wurde, »dass man diesem Regime unter keinen Umständen hätte dienen können«. Die ersten beiden Jahre der Nazizeit erlebte Marie Baum privat in einem glücklichen Umfeld. Ricarda Huch war mit ihrer Tochter und Enkeltochter zu ihr gezogen. Bei der Freundin schrieb sie den Brief an die Preußische Akademie der Künste, in dem sie ihren Austritt formulierte, weil die von der Regierung vorgeschriebene nationale Gesinnung nicht ihr »Deutschtum« sei. Marie Baum litt. Sie engagierte sich für Verfolgte, arbeitete mit der »Judenhilfe« des Berliner »Büro Grüber« und mit Pfarrer Hermann Maas zusammen. Ihre Wohnung wurde von der Geheimen Staatspolizei durchsucht, die Bibliothek durchforstet, sie wurde verhört. Sie hatte Widerstandskraft entwickelt, bewahrte Ruhe, überlebte. Deutschlands Kapitulation im Frühjahr 1945 erlebte Baum als Befreiung. In ihrem Rückblick war sie gebeugt darüber, dass es die Menschen des Widerstandes nicht vermocht hatten, das Unrechstregime »aus eigener Kraft« zu entmachten. Baum begleitete den Beginn von Ricardas Dokumentation jener Kräfte, die sie »das andere Deutschland« nannte. Als Ricarda Huch 1947 verstarb, war dies ein großer Einschnitt für sie. In *Leuchtende Spur*, Marie Baums Biografie der Schriftstellerin, beschrieb sie: »Wir haben das herrliche, schöne, nie wiederkehrende Leben miteinander geteilt, so verschieden auch die Wege waren.«

Nachkriegsjahre

Im September 1945 erhielt die 71-Jährige ihren Lehrauftrag wieder. Sie wurde Dozentin am Institut für Staats- und Sozialwissenschaften. Nach einigem Schriftwechsel zwischen ihr, der Universität und dem Ministerium wurde der Beschwerde Baums stattgegeben, dass ihr Gehalt eine Form der Wiedergutmachung berücksichtigen müsse. Indem der Rektor ihre Bedeutung für die Sozialwissenschaften hervorhob und ihre Leistungen betonte, kam es zu einer gütlichen Einigung.

Marie Baum engagierte sich beim Wiederaufbau einer demokratischen Universität. Unerlässlich war ihr dafür der Kontakt zu den Studierenden. Im Juni 1946 war sie Gastgeberin und eine der sechs Gründungsmitglieder der studentischen Vereinigung Friesenberg. Der Verein war ein offenes Forum, das Diskussionsrunden und eine kritische Auseinandersetzung mit den zwölf Jahren des NS-Regimes ermöglichte und ebenso Träumereien für demokratische Wege der Zukunftsgestaltung zuließ.

Ebenfalls im Herbst wurde sie Mitglied des Kuratoriums der wiedergegründeten evangelischen Elisabeth-von-Thadden-Schule. Nach jahrzehntelanger Distanz engagierte sich Baum 1945/46 auch wieder parteipolitisch: Mit Gustav Radbruch, der im Oktober 1945 ein Programm für eine »Christlich-Soziale-Union« erstellt hatte, wurde sie Mitbegründerin der Heidelberger CSU/CDU. Im Rückgriff auf die kulturgestaltenden Kräfte des Christentums sollte ein sozialistischer Aufbruch und die Neugestaltung eines demokratischen Deutschlands möglich werden, Baum forderte einen »Sozialismus aus christlicher Verantwortung«. Die Partei wurde nicht sozialistisch und Marie Baum schloss sich der von Alexander Mitscherlich und Dolf Sternberger gegründeten Aktionsgruppe »Freier Sozialismus« an. Eine politische Funktion übernahm Marie Baum in den Nachkriegsjahren nicht mehr. Sie sah ihre Kräfte im Wirken als Lehrkraft gebunden.

Baum erhielt zahlreiche Würdigungen. Zu ihrem 75. Geburtstag bezeichnete Marianne Weber sie als »Maßstab und Vorbild für viele« und die Universität Heidelberg machte sie zur Ehrenbürgerin. Durch ihr entschiedenes Eintreten für die Verbesserung von sozialen Belangen wurde sie zur Kämpferin für Frauen- und Kinderrechte. Zum 80. Geburtstag wurde ihr – in Anerkennung ihrer besonderen Verdienste – das Bundesverdienstkreuz verliehen. Sie verstarb am 8. August 1964.

»Beruf als Berufung«

Die Schulgründerin Maria Gräfin von Graimberg (1879–1965)

Im Hochsommer 1965 legte der Heidelberger Gemeinderat vor Sitzungsbeginn eine Gedenkminute ein. Andächtig wurde der verstorbenen zweiten Ehrenbürgerin Heidelbergs und ihrer Familie gedacht, die mit ihrem Tod nach über 150 Jahren in Heidelberg erlosch. Die Familiengeschichte begann 1810, als Marias Großvater, Charles de Graimberg, als französischer Flüchtling nach Heidelberg kam, sich für den Erhalt der Schlossruine einsetzte und mit seiner »Halle der Alterthumssammlungen in Heidelberg« am Kornmarkt den touristischen Souvenirhandel in der Stadt begründete. 1911 wurde seine Enkeltochter zur Pionierin der deutschen Bildungsbewegung. Sie gründete die erste Katholische Soziale Frauenschule, die heute noch besteht – als eine Abteilung der Fachhochschule für Sozialwesen in Freiburg.

»Persönlichkeitsentfaltung vor dem Hintergrund einer sozialen Berufsethik«

Maria von Graimberg wurde am 8. Juli 1879 in der Villa Irene in Bensheim an der Bergstraße geboren. Ihre Eltern waren Anna und Philibert von Graimberg. 1888 veränderte sich das Leben Marias gleich in dreifacher Weise: Die Familie zog nach Aschaffenburg, ihre Schwester Camilla wurde geboren und Maria wurde eingeschult. Nach dem Abschluss der Höheren Töchterschule besuchte sie das katholische Mädchenpensionat St. Joseph auf Zangberg, das ihre Tante als Ordensfrau leitete. Mit sechzehn Jahren war Marias Ausbildung beendet und sie kehrte in den elterlichen Haushalt zurück. Noch im gleichen Jahr erlebte sie durch den Tod des Vaters einen schweren Verlust. Die Trauernde war eine »höhere Tochter«. An die Erwartungen dieser Rolle gebunden,

füllte Maria die Zeit mit Musik und Kunst. Doch sie wollte anderes, dem Leben eine sinnerfüllte und tätige Ausrichtung geben. So besuchte sie zwei Jahre das Sprachlehrerinneninstitut in Aschaffenburg. 1897 erhielt sie ihr Diplom als Französischlehrerin.

Am 16. Mai 1900 zogen die Graimbergs zu der Tante Josephine Gräfin von Graimberg-Belleau nach Heidelberg an den Kornmarkt 5. Als Adelige sah sich die Familie zum sozial-karitativen Wirken verpflichtet, um die sozialen Missstände in Heidelberg zu lindern. Die Tante war in der katholischen Pfarrhilfe engagiert. Die Mutter wurde im Vincentiusverein tätig und gründete 1906 den Heidelberger katholischen Fürsorgeverein.

Maria fühlte sich vom religiösen Leben angezogen. Sie griff das Angebot ihrer Tante auf und unterrichtete im klösterlichen Mädchenpensionat ihrer Jugendzeit. Zwei Jahre danach pilgerte sie mit ihrer Mutter und ihrer Schwester nach Rom und besuchte dort eine Audienz bei Papst Pius X.

Nach Berichten ihres Heidelberger Tanzstundenpartners Prinz Rangsit von Siam intensivierte Maria von Graimberg ab 1906 ihre Idee, »karitatives Engagement, Frauenberufsfragen, eine Form der sozialen Ausbildung und religiöse Überzeugung miteinander zu verbinden«. Raum für eine Ehe war in dieser Planung nicht. Eine erwogene Verlobung fand nicht statt.

In den folgenden Jahren bereitete sich Maria von Graimberg gezielt darauf vor, ihre Lebensaufgabe umzusetzen: eine religiös ausgerichtete Ausbildungsstätte zu entwickeln, die bürgerliche Frauen zu einer Erwerbsarbeit hinführte. Sie sichtete die bestehenden Einrichtungen, die sich dem Aufgabenfeld widmeten. Wegweisend war die interkonfessionelle Soziale Frauenschule in Berlin-Schöneberg. Diese erste Soziale Schule für Frauen war 1908 von der promovierten Nationalökonomin Alice Salomon mitbegründet worden und wurde von ihr geleitet. Daneben gab es die evangelischen Sozialen Frauenschulen in Hannover und Berlin sowie die katholischen Schulungskurse für Fürsorgerinnen in München. Mit diesem Münchner Modell beschäftigte sie sich näher. Graimberg nahm Kontakt zu Ellen Ammann auf, der Leiterin des Münchner Katholischen Frauenbundes. Diese gab ihr den notwendigen Einblick in Aufbau und Inhalte des dortigen

Kurssystems, das Frauen eine Ausbildung zur Fürsorgerin anbot. Maria von Graimberg verband die Informationen der verschiedenen Ausbildungswege in den drei Regierungsstädten und entwickelte ein Modell für Heidelberg.

Katholische Soziale Frauenschule

Nach gründlichen Vorarbeiten setzte sie ihre Lebensaufgabe um. Mehrmals modifizierte Graimberg im Vorfeld den Lehrplan ihrer Einrichtung. Schließlich war ihr »sozialer Dilettantismus« vorgeworfen worden, da sie einen zu umfangreichen Bildungskanon geplant hatte. Endlich gründete sie 1911 aus eigenen Mitteln ihre Schule. Werbeprospekte und Material waren gedruckt und das Projekt in den katholischen Zeitungen vorgestellt worden.

Der Anfang war klein: eine Lehrerin und drei Schülerinnen. Im Laufe ihrer 39-jährigen Lehrtätigkeit bildete Maria von Graimberg mehr als 1000 Fürsorgerinnen aus. Das Konzept überzeugte. Auch bei ihr waren Theorie und Praxis miteinander verquickt. Ihre Schulgründung war dennoch ein Novum innerhalb der deutschen Bildungslandschaft. Die Einrichtung war als Internat ausgerichtet. Junge Frauen aus dem ganzen Wilhelminischen Reich konnten in die Neckarstadt kommen, um sich zu qualifizieren, Maria von Graimberg eröffnete damit eine ortsunabhängige Berufsschulung.

Zwar war die katholische Ausrichtung der Schule per Gründungsstatut festgelegt, so dass zunächst überwiegend katholische Schülerinnen die Ausbildungsstätte besuchten. Doch im Laufe der über sechzig Jahre währenden Arbeit besuchten zunehmend auch Schülerinnen anderer Glaubensrichtungen das Haus. Die Konfessionsgrenzen lösten sich. In Heidelberg erhielten Fürsorgerinnen die von Graimberg gesetzte Mischung an Fachkenntnissen der Armenpflege und Fürsorgepraxis.

Seit dem Mittelalter war dies ein ehrenamtliches Tätigkeitsfeld; in den Städten war ein Engagement im kommunalen Armenwesen an das Bürgerrecht gebunden. Frauen, die im 19. Jahrhundert diesbezüglich keine staatsbürgerlichen Rechte besaßen, war es nicht möglich, in diesem Bereich mitzuwirken. Erst der gesellschaftliche Wandel, der Druck, den die Industrialisierung und das Massenelend des 19. Jahrhunderts schufen, ermöglichte es, dass bürgerliche Frauen die entstehenden Lücken des sozialen Systems schlossen. Die frühere Armenhilfe, die von Gemeindebürgern getragen worden war, wandelte sich zur Fürsorge und Wohlfahrtspflege durch professionelle Kräfte. Die Frauenbewegungen erkannten in diesem Prozess die Chance, das ehemals männliche Ehrenamt in eine qualifizierte weibliche Erwerbsarbeit umzuwandeln.

Aufnahmebedingung für die Schule war der Abschluss der Höheren Mädchenschule. Das Schulgeld wurde für Kost und Logis und für den Unterricht entrichtet. Auf dem Lehrplan standen Sozialethik, Volkswirtschaftslehre, Kinderschutz, Armenpflege und die Arbeiterinnenfrage; grundlegend war dafür der Religionsunterricht. In den folgenden Jahren erweiterte sich der Fächerkanon um französische und englische Sozialliteratur, Maschinenschreiben, Handarbeiten, Hygiene, Zeichnen, Buchführung. Vormittags war Unterricht und nachmittags praktische Arbeit. Das katholische Fürsorgewesen Heidelbergs bot den angehenden Fürsorgerinnen ihre Einsatzorte wie das Paulusheim, oder Einrichtungen für Säuglinge, für behinderte Menschen, die »Brockensammlung«, eine Institution zum Ausbessern von Kleidung.

Sie passte ihren Unterricht und die Themen an, um den äußeren Notwendigkeiten und auch den Einsatzorten entgegenkommen zu können. Besonders auffällig wird die Aktualität der Ausbildung während des Ersten Weltkrieges. Es wurden Kurse für Fabrikpflegerinnen eingerichtet, deren Aufgabe es war, den weiblichen Arbeitskräften, die durch den Nationalen Frauendienst in die Fabrikarbeit vermittelt wurden, anzuleiten, wie sie die Pflichten der Kriegsbewirtschaftung mit der Kindererziehung verbinden konnten. Nach dem Krieg besuchten die Schülerinnen der oberen Lehrgänge regelmäßig Vorlesungen über das Fürsorgewesen an der Heidelberger Universität, sie waren dafür als Gasthörerinnen eingeschrieben. Besonders Marie Baums Lehrtätigkeit an der Universität ab 1928 war für die Ausbildungssituation an der Sozialen Frauenschule Heidelbergs ein Gewinn. Sie war wissenschaftliche und praktische Expertin auf dem sich ausdifferenzierenden Feld der Fürsorgearbeit.

Im Inneren des Schulbetriebes übernahm Marias Schwester Camilla von Graimberg den Sprachunterricht. Die betagte Mutter führte ihren katholischen Fürsorgeverein im Graimbergschen Palais weiter. Beide lebten im Palais und waren Stützen der Schulgründerin. Daneben kam durch ein Zeitungsinserat die »Hausperle« Josepha Mahle an den Kornmarkt. Bis zum Tod der Schulgründerin war sie, das Mädchen vom Lande, die Haushälterin. Eine weitere Stütze kam hinzu: Theodora Aberle war eine der ersten fünf Schülerinnen von Maria von Graimberg. Nach der ersten Begegnung im Gründungsjahr 1911 waren die Frauen engagiert für die gemeinsame Sache: der katholischen Sozialen Frauenschule. Die Schülerin wurde zur Schulsekretärin. 1922 kehrte sie nach absolviertem Studium der Nationalökonomie in Köln als Dozentin an die Heidelberger Lehranstalt zurück. Bis zu ihrer Pensionierung im Jahre 1954 war sie neben der Schulgründerin hauptamtliche Lehrkraft und »Hauptstütze« der Schule. Mit der Freundin hatte sie das Schicksal der Einrichtung getragen und verzichtete beispielsweise während Inflations- und Kriegszeiten auf ihren Lohn.

Politische Arbeit

1912, im Jahr nach der Schulgründung, fuhr Maria von Graimberg mit ihren Schülerinnen nach Straßburg zur Generalversammlung des Katholischen Frauenbundes. Sie war als Referentin eingeladen und sprach über katholische Fürsorge bei jungen Frauen. Im Jahr darauf stellte sie ihre Theorie und Praxis ihrer »Sozialen Frauenschule« auf der 28. Hauptversammlung des Vereins katholischer deutscher Lehrerinnen in Ludwigshafen vor. 1915 folgte ein Vortrag auf der Tagung des »Caritasbundes« in Heidelberg.

Maria von Graimberg wurde zur geübten Rednerin und überzeugenden Autorität. Ihre Devise vom »Beruf als Berufung« verstand sie so, dass »Fürsorgerinnen bei allem beruflichen Idealismus nicht nur soziale Pflichten, sondern auch Rechte« haben.

1916 war Maria von Graimberg bei der Gründung des Berufsverbandes »Verein katholischer Sozialbeamtinnen Deutschland« federführend. Ihr Anliegen war es, den Fürsorgerinnen eine angemessene Absicherung zu gewähren. Für Beamtinnen galt damals die Zölibatsklausel, das heißt sie durften nur unverheiratet ihren Beruf ausüben. Im katholischen und im bürgerlichen Milieu war dies in der Praxis eine Ausschlussklausel. Nur wenige Frauen vermochten für sich und für das Kind die Konsequenzen einer unehelichen Mutterschaft auf sich zu nehmen. Selbst Marie-Elisabeth Lüders, Leiterin des Nationalen Frauendienstes im Ersten Weltkrieg, hatte unter den diskriminierenden Folgen als alleinerziehende Mutter zu kämpfen. Mit der Weimarer Republik wurde diese Klausel abgeschafft. In der Folgezeit galt es, den neuen Berufszweig aus dem Niedriglohnsektor herauszuführen und eine der Ausbildung angemessene Bezahlung zu erkämpfen.

Im Revolutionsjahr 1918 wurde die Heidelberger Wohlfahrtsschule in die »Konferenz Sozialer Frauenschulen in Deutschland« aufgenommen. Diese Vereinigung war von Alice Salomon einberufen worden, um reichsweit die Forderungen der kommenden Sozialarbeiterinnen besser vertreten zu können.

Frauen den Zugang zum politischen Leben zu erleichtern, ihnen Orientierung im Staatssystem und in der neuen Regierungsform der Republik zu geben, dafür richtete Graimberg nun Kurse ein. Frauen wurden hier als Staatsbürgerinnen geschult, sie erhielten eine grundlegende politische Bildung für die neue Demokratie. Und Graimberg übernahm, wie andere der führenden Vertreterinnen der Frauenbewegungen – in Heidelberg Marianne Weber oder Marie Baum – vorbildhaft und sichtbar für andere Verantwortung im neuen Staatswesen. Ihren »weiblichen Beitrag« für das Staatswesen brachte sie in den Reihen der katholisch ausgerichteten Zentrumspartei ein. Von der ersten demokratischen Stadtverordnetenwahl 1919 bis zur »Machtergreifung« 1933 war sie in den Stadtrat gewählt worden und als Stadtverordnete im Bürgerausschuss aktiv. Damit war sie, die Wohlfahrtspflege lehrte, direkt mit den Nöten und Ängsten der Bevölkerung konfrontiert.

Nach zehnjähriger Arbeit feierten die Frauen 1921 nicht nur ein erstes Jubiläum, sondern auch die staatliche Anerkennung durch das preußische Volkswohlfahrtsministerium. Bereits 1918 waren erstmals staatlich anerkannte Prüfungen abgelegt worden. Nach drei weiteren Jahren wurde der Einrichtung die öffentliche Anerkennung zuteil und den Absolventinnen vielfältige Wege geöffnet. Zuvor waren sie auf die im katholischen Milieu benötigten Kräfte ausgerichtet gewesen.

Das Jahr 1928 führte zu einer grundlegenden Veränderung. Nachdem ihre Mutter im Vorjahr verstorben war, regelten die Schwestern den Schulbetrieb im Rahmen eines Schulvereines, dem Verein »Soziale Frauenschule Heidelberg«. Um die Schule weiter zu betreiben, wurde eine Hypothek auf das Anwesen aufgenommen. Zugleich wurde das Spektrum ihrer Kurse nochmals erweitert. Sie bildeten nun auch Seelsorgehelferinnen aus.

1931 konnte das zwanzigjährige Jubiläum der Schule gefeiert werden. Die Ungefähr 400 Sozialarbeiterinnen hatte Maria von Graimberg bis dahin ausgebildet. Ihr eigenes Vermögen und ihre Lebenskraft steckten ebenso in der Schule wie das ihrer Schwester und Theodora Aberles. Wiederholt hatten sie für den Erhalt der Einrichtung ihre eigene Person hintenan gestellt. Ihr Jubiläumsfest mit ehemaligen Schülerinnen war ein willkommener Dank. Und nun wurde die Schulgründerin für den Aufbau und die dauerhafte Leistungen ihrer Schule, besonders ihre Leistungen auf dem Felde der katholischen Sozialarbeit mit dem päpstlichen Orden »Pro ecclesia et pontifice« geehrt. Am 7. Mai 1931 erhielt sie das Ehrenkreuz mit Urkunde.

Die Schule in der NS-Zeit

Während der NS-Zeit vermochte Maria von Graimberg die Schule vor der drohenden Schließung zu bewahren. Zunächst wirkten die Strukturen der katholischen Kirche als Schutz. Noch im Januar 1933 erklärte das Mainzer Bischöfliche Ordinariat, dass man nicht katholischer Christ und Mitglied in der NSDAP sein könne. Die Durchsetzung der rassenideologischen Vorstellungen des neuen Regimes fand in den katholischen Einrichtungen nur verzögert statt. Noch erfuhren sie einen gewissen Schutz durch das Konkordat, dennoch wurde der Einfluss des Nationalsozialismus deutlich. Das neue Regime ordnete zunächst eine drastische Reduzierung der Schülerinnenzahlen an. Gräfin von Graimberg versuchte zunächst Zeit zu gewinnen, in der Hoffnung, dass »der Spuk« bald beendet wäre. Sie verneinte die Frage, ob sie die Schule im NS-Geist zu leiten bereit sei und setzte sich für ihre »nicht-arischen« Schülerinnen ein. Doch sie sicherte zu, Rassenkunde und Nationalpolitik im Fächerkanon aufzunehmen. Die Schülerinnen und die Schulleitung wurden mehr und mehr in das System eingegliedert, dem sie sich aus Glaubensgründen verweigern wollten. Dennoch – über ihre persönlichen Netze, aus Glaubensgründen motiviert – halfen die Graimbergs jüdischen Gemeindemitgliedern aus Heidelberg, dem Holocaust zu entfliehen. Als 1940 die ersten Deportationen nach Gurs in Frankreich begannen, war der Kornmarkt eine Adresse, die viele Verfolgte kannten. Die Schulleiterin selbst gab in der Dachkammer zeitweise Asyl.

Überprüfungen, Kontrollen und schlussendlich Denunziation bedrohten die Einrichtung mehr und mehr. Graimberg und Aberle verweigerten die »Gleichschaltung«. 1938 lösten sie den »Verein Soziale Frauenschule e.V.« auf. 1941 wurden die Räume am Kornmarkt 5 beschlagnahmt und Nachschulungskurse der deutschen Arbeitsfront für Volkspflegerinnen durchgeführt. In der folgenden Zeit war die Gefahr der Schließung greifbar.

Am 9. März 1944 waren Aberle und Graimberg vom Reichsinnenministerium vorgeladen. Sie wurden mit dem Vorwurf konfrontiert, »berüchtigte Pfarrhelferinnen« auszubilden. Beide Frauen waren gleichermaßen gefährdet. Es gelang ihnen, zu verhandeln und die Schule weiter zu führen. Dazu übereigneten Maria und Camilla von Graimberg das Anwesen und die Einrichtung durch Erbvertrag dem Deutschen Caritasverband in Freiburg. Als Gegenleistung für die Immobilie des Graimberg'schen Palais standen Leibrente und Wohnrecht für Maria von Graimberg und ihre Schwester Camilla. Die Übereignung war der Weg, das Lebenswerk und die Existenz der im Hause lebenden vier Frauen zu sichern.

Mit 66 Jahren erlebte Maria von Graimberg das Kriegsende, die Trecks der Flüchtlingsströme, die durch die Altstadt in das nahezu unzerstörte Heidelberg kamen. Mit dem Einzug der Amerikaner sollte in dem zentral gelegenen Anwesen ein Lazarett eingerichtet werden. So war das Ansinnen der Offiziere. Doch die Hausherrin überzeugte die Militärs davon, dass es notwendig sei, die Schule weiter zu betreiben. Sie erhielt eine vorläufige Genehmigung der amerikanischen Militärregierung. Damit konnte sie die Schule weiterführen.

Am 16. Oktober 1945 wurde die Einrichtung wieder eröffnet. Erneut standen finanzielle Schwierigkeiten an, die das Familienunternehmen bewältigen musste. Daneben waren es nun Krankheiten, die die Arbeitskraft der Frauen schwächten. Graimberg war durch eine Augenoperation gesundheitlich angeschlagen. Dennoch wurde der Schulbetrieb wieder aufgebaut. 1949 fanden Fortbildungskurse für ehemalige Fürsorgeschülerinnen statt. Ein Wiedersehen, aber auch ein Austausch über die Jahre der Diktatur und die aktuelle Not. Maria von Graimberg sprach wieder öffentlich zu ihren Themen. Sie ergriff das Wort zu Glaubensfragen, sie behandelte das Berufsethos im sozialen Beruf, referierte »Zum Gedenken an Edith Stein«, der in Auschwitz ermordeten Karmeliterin jüdischer Herkunft.

Vier Jahre nach Kriegsende verstarb Camilla von Graimberg. Im folgenden Jahr übergab Maria von Graimberg die Institution der Sozialen Frauenschule Heidelberg an den Deutschen Caritasverband. Nach 39 Jahren legte sie die Leitung ihrer Schule nieder. Ihre Nachfolgerin wurde Dr. Berta Konrad, die nun die Umbaumaßnahmen im Gebäude zu steuern hatte, denn die Räume des Schulbetriebes wurden von den Privaträumen von Graimberg, Aberle und Mahles getrennt, damit diese ihren verdienten Ruhestand antreten konnten.

Zum vierzigjährigen Schuljubiläum erhielt Maria Gräfin von Graimberg vom Caritasverband eine Goldene Ehrenurkunde überreicht. Drei Jahre später entrichtete ihr der Caritasverband durch den neu gegründeten Schulverein eine Rente. Weitere

Auszeichnungen folgten, wie 1959 die Verleihung des Bundesverdienstkreuzes 1. Klasse.

Anlässlich ihres 85. Geburtstages wurde Gräfin Maria von Graimberg 1964 als zweite Frau mit der Würde einer Ehrenbürgerin der Stadt Heidelberg ausgezeichnet. Ihre Verdienste, die sie als Gründerin der Sozialen Frauenschule bei der Ausbildung befähigter Wohlfahrtspflegerinnen und Bewährungshelferinnen geleistet hatte, wurden anerkannt. Ferner wurde ihr selbstloses Engagement für soziale und karitative Aufgaben sowie ihre mehrjährige Mitarbeit im Bürgerausschuss gewürdigt.

Am 14. Juni 1965 verstarb die zweite Ehrenbürgerin Heidelbergs. Sie ist mit ihrer Schwester Camilla und mit ihrer »schwesterlichen Freundin« Theodora Aberle im Graimbergschen Familiengrab auf dem Heidelberger Bergfriedhof beigesetzt. Wie stark die Gemeinschaft der Frauen gewesen war, zeigt der letzte Wille vom Dezember 1963. Darin verfügte die Gräfin, dass »Hl. Messen für meine Seelenruhe (...) für Frl. Thea Aberle und mich gemeinsam« gelesen werden sollen.

Ein Jahr nach dem Tod der Schulgründerin wurde die Soziale Frauenschule nach ihr in Maria-von-Graimberg-Schule umbenannt. Überraschenderweise konnte die Stadt Heidelberg das Anwesen des Palais Graimbergs 1976, elf Jahre nach dem Tod der Gräfin, erwerben. Anders als mit der Gräfin vereinbart, veräußerte der Deutsche Caritasverband das Anwesen. Die Institution – ihr Lebenswerk – wurde in die Fachhochschule Freiburg ausgelagert.

»Als ob die Welt mit uns neu beginnen sollte«

Die erste Medizinstudentin Rahel Straus

(1880–1963)

Rahel Straus war eine der ersten vier Studentinnen, die sich im Sommersemester 1900 ordentlich an der Universität Heidelberg einschrieben. Als »beglückter Nutznießer« der »kämpfenden Frauengeneration« konnte sie an den Erfolgen der Frauenbewegung teilhaben und Pionierin in vielerlei Bereichen werden: Sie war Schülerin des ersten Mädchengymnasiums Deutschlands, eine der vier ersten Abiturientinnen, erste Studentin der Medizin in Heidelberg, eine der ersten promovierten und niedergelassenen Ärztinnen und eine der wenigen Frauen im Münchner Arbeiterrat von 1918.

Die orthodoxe deutsche Jüdin war eine überzeugte Zionistin. Nach Hitlers Machtantritt emigrierte sie mit ihren Kindern nach Palästina. 1940 schrieb die Begründerin der israelischen Gruppe der »Women's International League for Peace and Freedom« in Jerusalem ihre Lebensgeschichte nieder. *Wir lebten in Deutschland* ist ein einzigartiges autobiogaphisches Dokument, das sie für ihre fünf Kinder verfasste, ein Zeugnis, das von der Größe und dem Verfall der deutsch-jüdischen Kultur berichtete und einen verantwortungsvollen und bewussten Umgang mit der Geschichte anmahnte.

»Brot mit Bildung«

Rahel Goitein wurde 1880 in Karlsruhe geboren. Ihr ungarischer Vater war Rabbiner der kleinen orthodoxen Gemeinde, er verstarb in ihrem vierten Lebensjahr. Um den Kindern ein lebendiges Judentum im Sinne des Verstorbenen zu ermöglichen, kehrte die Witwe nicht zu ihrer Familie nach Posen zurück, da sie dort eine Entfremdung von den religiösen Wurzeln befürchtete. Die Fünfunddreißigjährige, fortan in Schwarz gekleidete Frau, blieb modern und unabhängig. Sie erzog ihre vier Kinder alleine in der orthodoxen Gemeinde in Karlsruhe. Die ausgebildete Volksschullehrerin unterrichtete und versorgte die Familie darüber hinaus durch eine koschere Studentenpension. Sie ermöglichte ihren Kindern alles, was ihrer Bildung zugute kam, schuf ein frohsinniges und geselliges Zuhause, gab ihnen »Brot mit Bildung«.

Als Kind wollte Rahel Goitein »Improvisator« werden. Im geschwisterlichen Spiel mit dem Bruder entwickelte sie ihr Erzähltalent, sie kreierte Märchen aus Begriffen wie Stern oder Blume, die ihr der Jüngere im nächtlichen Gespräch vor dem Einschlafen nannte. Auch in den Pausen der höheren Töchterschule schätzten die Mitschülerinnen ihre Gabe und forderten sie auf, etwas zu erzählen. In der Öffentlichkeit war sie allerdings ein schüchternes Mädchen, das vom Lehrer nur ein einziges Mal zur Rezitation aufgefordert worden war. Ihr Vortrag wurde von allen Beteiligten mit aufgelösten Nerven überstanden – eine Wiederholung gab es nicht.

Rahel wurde streng orthodox erzogen und erhielt in Karlsruhe ein Bildungsspektrum vermittelt, das religiöse und weltliche Inhalte umfasste. Sie führte ein »bewusstes Doppelleben« zwischen dem bürgerlichem Leben in der »deutschen Volksgemeinschaft« und dem der jüdischen Gemeinschaft. Nur selten gab es Überschneidungen zwischen den Feldern. Zum Krippenspiel in der Schule wurden sie nicht aufgefordert, für jüdische Festtage bekamen die jüdischen Kinder in der Schule frei und besuchten statt dem Religionsunterricht die »hebräische Schule«, in der sie im Talmud, in jüdischer Geschichte und in Hebräisch unterrichtet wurden. Von Kindesbeinen an wuchs sie mit dem Grundgefühl der Fremdheit und des Andersseins auf.

1892 wurde Rahel von ihrer Mutter gefragt, ob sie auf das Gymnasium gehen wolle. »Ohne Zaudern« folgte ihr Ja. Sie hätte alles getan, um nicht den vorgesehenen Beruf einer Kindergärtnerin anstreben zu müssen. Nun wechselte sie auf das erste Mädchengymnasium Deutschlands. Dies brachte die gesamte jüdische Gemeinde in Aufruhr, doch die Mutter verteidigte ihre Wahl.

Das Gymnasium war eine Einrichtung des Frauenvereins »Reform«, das Mädchen erstmals eine klassisch-humanistische Ausbildung und das Abitur ermöglichte. »Ein bunter Haufen« von 28 Schülerinnen im Alterspektrum von zwölf bis neunundzwanzig Jahren begann mit dem Unterricht, der anfänglich durch Besuche von Schulinspektoren und Frauenrechtlerinnen wie Lina Morgenstern unterbrochen wurde. Nach einem Jahr war die Klasse homogener und der Unterricht verlief routinierter. Selbstverständlich kannte die Schülerin die Ziele und Inhalte der bürgerlichen Frauenbewegung und sah sich in der Traditionslinie der englischen Suffragetten und der deutschen Frauenrechtlerinnen des Bürgertums.

Durch Gerhard Hauptmanns Werk *Die Weber* lernte Rahel den sich entwickelnden Sozialismus kennen. In ihrem wohlbehüteten Umfeld wurde die Schülerin von einem direkten Kontakt mit den Bestrebungen der Sozialdemokratie ferngehalten. Als sich ein Schuster, der geflickte Schuhe zurückbrachte, als Sozialdemokrat bekannte, wurden die Kinder sofort aus dem Zimmer geschickt.

Im Bewusstsein, Verantwortung für die neuen Wege der Mädchenbildung zu tragen, beschwerte sich Rahel mit ihren drei Mitschülerinnen beim Oberschulrat über den mangelhaften Lateinunterricht. Sie sorgten sich um ihren Abschluss. Die schriftliche Eingabe war erfolgreich, nach einer Überprüfung erhielten die Mädchen eine kompetente Lehrkraft und bestanden das Abitur. Als Älteste hielt sie 1899 die erste Abitursrede einer Gymnasiastin in Deutschland. Sie sprach über die Religionstoleranz in Lessings *Nathan der Weise* und stellte Sonja Kowalevska, die erste Universitätsprofessorin und Mathematikerin, als Vorbild vor. Von den männlichen Gymnasiasten wurden die Abiturientinnen zum großen Abschiedskommers eingeladen. Die vier saßen nicht als Zuschauer, sondern gleichberechtigt mitten unter den Männern.

Etwa vier Wochen vor Studienbeginn sprach Ida Goitein mit ihrer Tocher über die Finanzlage der Familie. Da ihr Bruder Ernst ebenfalls studieren wolle, müsse sie sich entscheiden: entweder ein günstiges philologisches Studium oder keines; das angestrebte Medizinstudium jedenfalls, mit Kosten von etwa zehntausend Mark, könne nicht finanziert werden. Es war ein harter Schlag für Rahel, die den Beruf der Ärztin als den interessantesten ansah. Doch eines war ihr klar: besser irgendein Studium als gar keines. Selbst die Aussage ihres Freundes Eli Straus, kein Mann würde eine studierte Ärztin heiraten, hielt sie nicht von einem eigenständigen Weg zurück.

»Der Wille nach voller Unabhängigkeit lebte«

Im Oktober 1899 fuhr Rahel Goitein mit ihrem Bruder nach Mannheim, richtete sich ein Zimmer im Rabbinerhaushalt ihrer Tante ein und schrieb sich in Heidelberg für neuere Philologie ein. »Als ob die Welt mit uns neu beginnen sollte«, das war ihr Lebensgefühl. Ihr Bruder wurde akademischer Bürger, sie »nur Hörerin«, da das Frauenstudium noch nicht zugelassen war. Wie einst ihr Vorbild Sonja Kowalevska hatte sie nun den Sonderstatus der Gasthörerin, musste bei ihren Professoren in Englisch und Französisch persönlich vorsprechen, um als Hörerin zugelassen zu werden und begann nach dieser Sonderinspektion ihr Studium. »Heidelberg war ja so geschaffen für Jugend und Fröhlichkeit: der Neckar drunten, auf dem wir ruderten, in dem wir schwammen, die Berge mit ihren Laubwäldern, auf denen wir wanderten, die Südhänge, die im Frühling ein Blütenmeer waren, im Herbst schwer von Obst und bunt von tausend Herbstfarben. Es war eine so friedliche Zeit für uns alle, ein solches Gefühl der Sicherheit und des Aufschwungs überall in Deutschland, an dem jeder teilhatte.«

Am 28. Februar 1900 veröffentlichte das badische Innenministerium den Erlass, der ab dem Sommersemester 1900 das ordentliche Frauenstudium in Freiburg und in Heidelberg erwirkte. Als Voraussetzung galt es, den gültigen Abschluss eines deutschen Gymnasiums, eines Realgymnasiums oder einer Oberrealschule vorzulegen. Das Ministerium hatte damit auf eine Petition reagiert, die von Rahels Schulfreundin Johanna Kappes in Freiburg bei der Universitätsleitung eingereicht worden war. Mit vier weiteren Frauen hatte sie 1899 ihr Medizinstudium begonnen, ohne immatrikuliert gewesen zu sein. Auf Anraten der Professorengattin Adelheid Steinmann beantragte Kappes die Immatrikulation, die ihr als Präzedenzfall für ihr ganzes Geschlecht rückwirkend und »versuchs- und probeweise« für das Wintersemester 1899/1900 gewährt wurde.

Rahel Goitein wechselte sofort das Studienfach, als ihr Onkel Rafael Löwenfeld, der Begründer des Centralvereins deutscher Juden, finanzielle Unterstützung für das Medizinstudium zusagte. Nach ihren Erinnerungen war sie ab Ostern 1900 ordentlich für Medizin eingeschrieben. Interessanterweise führte das Adressbuch der Universität Heidelberg die Studentin Rahel Goitein mit dem Studienfach Jura, dem Herkunftsort Königsberg und dem Vermieter Kaysser in der Altstadt. Im folgenden Semester 1900/1901 wurde Karlsruhe als Heimatadresse genannt, die Immatrikulation für Medizin auf Ostern 1900 angegeben und Verwandte in Mannheim als Anschrift aufgeführt.

Im Alltag waren noch mancherlei Hürden für die Studentin zu bewältigen: In allen Formularen waren Frauen nicht vorgesehen, sodass Rahel keinen Anspruch auf Fahrpreisermäßigung hatte. Da den Behörden Akademikerinnen unbekannt waren, drohte die Gefahr, dass sie ihr Studium nicht ordentlich abschließen konnte, denn trotz weiblichem Vornamen erhielt sie männlich ausgestellte Urkunden, die schlicht falsch und nicht annehmbar waren. Der Lehrkörper in der Medizin wollte das Frauenstudium abwehren, Frauen sollten den Seziersaal nicht betreten. Während der ersten drei Semester war sie die einzige Medizinstudentin. Noch immer musste sie sich bei den Ordinarien persönlich anmelden und nicht selten wurde ihr empfohlen, vom Studium abzulassen, da sie es rein körperlich nicht aushalten würde. »Kind, ich meine es gut mit Ihnen, und sage ihnen darum auf Nimmerwiedersehen!« war eine typische Verabschiedung. Rahel ließ sich nicht beirren, ihr Trotz und Widerstandsgeist waren motiviert. Geistesgegenwärtig konterte sie dem Gynäkologen zwei Jahre später, »Sie kennen die Frauen aber meist nur, wenn sie krank sind!«, als er seine Kompetenz als Frauenkenner angab, um sie vom Studium aus Überlastungsgefahr abzubringen.

Ihre Kommilitonen begegneten der Studentin kavalierhaft mit Blumengruß und Türaufhalten. Jahre später erkannte sie, dass ihre Situation als einziges weibliches Wesen unter männlichen Kollegen geradezu experimentell und nicht ungefährlich gewesen war.

Naiv durch ihren orthodoxen Hintergrund wurde sie dadurch auch geschützt und meisterte die Situation.

Während des Studiums kam sie sich dumm und klein gegenüber ihren Kollegen vor. Später erkannte sie, dass »die männlichen Kollegen eine große Sicherheit zur Schau [trugen], auch wenn sie nichts wussten.« Die Kollegen waren in exklusiven Männerbünden organisiert, und die Frauen wollten ebenfalls eine Vereinigung. Nach geraumer Zeit einigten sie sich auf einen offenen Zusammenschluss, der niemanden ausschloss. Junge, Juden, Nichtdeutsche – sie waren gleichermaßen eingeladen, sich zum thematischen Austausch und informellen Gesprächen zu treffen. Farben, Uniform und dergleichen war für sie kein Thema: »ein großes Freiheitsbedürfnis und der Wille nach voller Unabhängigkeit lebte in dieser Generation der Studentinnen. Fast alle waren nach schweren Kämpfen gegen tausend Vorurteile, gegen Familie und Gesellschaft, gegen Bindungen und Rücksichten auf ihren jetzigen Weg gelangt. Endlich waren sie frei, waren selbständig, man sah es ihnen an, wie froh, wie erleichtert sie waren. [...] So machten wir unsere Vereinigung so frei wie möglich. Man »mußte« gar nicht, man kam, wann man wollte, es gab keinen Kommers, nicht Fuchs noch Bursche, kein Examen, keine politische Richtung [... wir waren] beteiligt am Aufbau eines neuen Frauendaseins.«

Kaum hatten sie sich als Studentinnengruppe zusammengetan, trat der Verein »Frauenstudium-Frauenbildung« mit Marianne Weber auf sie zu, um sie als Jugendgruppe aufzunehmen. Rahel hatte die Leitung der jungen Gruppe und begegnete dem Anliegen der Älteren mit Skepsis. Die Studentinnen wollten »keine alten Tanten, wollten nicht gegängelt werden«, sondern selbstständig und unabhängig bleiben. Sie sahen den erfolgreichen Kampf der Älteren, nannten den Verein scherzhaft »Frauentugend-Frauenmilde«. Eine heftige Auseinandersetzung führte zur Entscheidung. Die Generationen gingen getrennte Wege. Noch Jahre nach dem Abschluss trafen sich die Frauen in Heidelberg, nannten sich die »Alt-Heidelbergerinnen« und hielten an ihrer offenen Struktur fest. Erst beim fünfundzwanzigjährigen Bestehen wurde die Harmonie durch rassistische Positionen des Nationalsozialismus, die von einer Ehemaligen vorgebracht wurden, zerstört.

»Zwei Dienstmädchen können einen gelehrten Mann überstimmen«

1905 legte Rahel Goitein ihr Staatsexamen ab und heiratete ihren Karlsruher Jugendfreund Eli Straus. Im gleichen Jahr zog sie mit dem vermögenden Juristen nach München. Dort trat sie in den Verein »Stimmrecht« ein und engagierte sich im Kampf um das Frauenstimmrecht. Sie begann ihre klinische Ausbildung, schloss ihr Medizinstudium ab und promovierte 1908. In ihrer Wohnung ließ sie sich als Ärztin nieder und eröffnete eine eigene Praxis. Als Ärztin kämpfte sie für die Abschaffung des § 218, praktizierte selbst jedoch keine Abtreibungen, trotz ihrer Forderung nach völliger Straffreiheit für Patientin und ärztliches Personal. In den kommenden Jahren war für die fünffache Mutter die Vereinbarkeit von Berufstätigkeit und Familie ein zentrales Anliegen.

Dieses trug sie in den Jüdischen Frauenbund hinein, den sie in München aufbaute. Als Vereinsarbeiterin war sie gerne gesehen. Ihre offen vertretene zionistische Haltung verhinderte allerdings jahrelang, dass sie eine leitende Position innerhalb der nationalen Vertretung des deutschen Jüdischen Frauenbundes erhielt. Erst 1932 wurde sie zur Kandidatur für den Vorsitz aufgefordert, da sie ein lebendiges Judentum lebe, so dass ihr Zionismus im Vergleich zu den areligiösen Kandidatinnen eine kleinere Bürde darstellte.

Während des Ersten Weltkrieges war die Ärztin aufgefordert worden, die Bevölkerung in Ernährungsfragen aufzuklären, sodass sie eine Broschüre herausgab. Bei einem Treffen der »Alt-Heidelbergerinnen« kam es zu einer kontroversen Diskussion mit Marianne Weber. Rahel Straus vertrat die Ansicht, Frauen seien von Natur aus gegen den Krieg, da sie Leben gebären, keinen Waffeneinsatz hätten und Hüterinnen des Hauses seien. Weber konterte mit gesammeltem deutschem Patriotismus. Straus erkannte für sich, dass sie durch ihr Wissen um die Verschiedenheit jüdischen und deutschen Fühlens und Denkens vor einem blinden Patriotismus gefeit war.

Das Leben im Krieg wurde schwerer, besonders die Bekleidung der Kinder, der Hunger und das Heizmaterial warfen unüberwindbare Probleme auf. Dann überstürzten sich die Ereignisse:

Die russische Revolution, ein deutsches Waffenstillstandsangebot und 1918/19 die deutsche Revolution. Die Ärztin Rahel Straus wurde vom Verein »Fraueninteressen« angefragt, als Delegierte in den Arbeiterrat zu gehen. Sie wohnte der Eröffnungsveranstaltung im Münchner »Deutschen Theater« bei und wollte im Arbeiterrat mitgestalten. Lange Debatten ohne Ergebnisse und von oben gesteuerte Entwicklungen zermürbten die Rätephase, die mit der Ermordung Kurt Eisners gewaltsam endete.

Das Jahr 1919 brachte das aktive, passive und das Proportionswahlrecht, sodass »zwei Dienstmädchen einen gelehrten Mann überstimmen« konnten. Rahel Straus versuchte diese neuen Möglichkeiten durch ihre Bildungsarbeit weiter zu vermitteln.

Außerdem verfolgte sie ihr Anliegen, religiöses Denken verstehbar zu machen und erarbeitete zwei Broschüren, *Wege der sexuellen Aufklärung von einer Ärztin und Mutter*, die sich an die jüdische Jugend und Mütter richtete, und über *Jüdische Mutterschaft und Ehe*, die sich an christliche Frauen richtete, da Christinnen ihrer Erfahrung nach oft unkundig über jüdisches Leben waren. Sie verstärkte ihr Engagement für Palästina und arbeitete für die zionistische »Women's International Zionist Organisation«.

Ihre zionistische Grundhaltung war es, die sie kurz nach dem Tod ihres Mannes dazu bewog, Deutschland mit dem anwachsenden Antisemitismus zu verlassen und nach Palästina aufzubrechen. Sie ließ sich in Jerusalem als Ärztin nieder und praktizierte bis 1940. Daneben organisierte sie eine Haushaltsschule für Einwanderinnen und setzte sich für die Versorgung von behinderten Frauen ein. 1961 erschien *Wir lebten in Deutschland*.

Rahel Straus verstarb am 15. Mai 1963 in Jerusalem.

»Besser sich g'sund schimpfe als krank heule«

Die Handschuhsheimerin Emilie Meier

(1902–1981)

Emilie Meier war ein Original, eine Frau, die sich durch nichts und niemanden den Mund verbieten ließ. Blitzschnell erfasste sie den Kern einer Sache und reagierte mit treffend genauer Rede. Egal wer vor ihr stand, bekam Paroli geboten, wenn sie es für nötig hielt.

Sie war eine unbequeme Person. Ressentiments oder Scheu waren ihr fremd. Wenn sie den Eindruck hatte, dass gelogen und betrogen wurde, musste sie nach ihrem Naturell handeln und schimpfen. Obwohl sie das Schimpfen selbst gar nicht leiden mochte, so konnte sie es eben noch viel weniger leiden, wenn Ungerechtigkeiten oder Gewalt geschahen. Und noch dazu vor ihren Augen. Dabei hatte sie wache, herzliche und offene Augen.

Diese Augen sprechen auch heute noch aus dem 1978 entstandenen Fotoband *Emilie Meier*, in dem nicht nur im Titel *Lieber sich g'sund schimpfe als krank heule* der bestechende Bauernhumor der Porträtierten festgehalten wurde. Es ist ein fotografisches Porträt der damals fast Achtzigjährigen, das ihre Person und ihren Lebensalltag blitzlichtartig aufleuchten ließ. Fast zwei Wochen lang war Emilie Meier von der Fotografin Susanne Klippel im Alltag begleitet worden. Damals schuf die Kunststudentin mit ihrer teilnehmenden Beobachtung eine einzigartige historische Quelle von ihrer ehemaligen Nachbarin. Emilie Meier war eine Frau, die sonst keine Geschichte geschrieben und auch keine überliefert hätte. Die prägnante Dokumentation zeichnete eine Momentaufnahme von ihr, die das Alltagsleben und mit den Interviews auch ihre Alltagssorgen im Detail sichtbar werden ließ.

Emilie Meiers Geschichte war keine zum Vorzeigen. Konventionell betrachtet war sie 1976 eine ohnmächtige, alte, arme und seelisch kranke Frau, die mit ihrem Dorf zerstritten war und sogar als »Hexe« verunglimpft wurde. Aber das ist nur eine Betrach-

tungsweise. Eine andere zeigt, dass Emilie Meier Freunde hatte, Unterstützung fand und kompromisslos mutig ihren Lebensweg gegangen war, so widerborstig sie dabei auch wurde. Und das ist Geschichte.

»...i hab nix vergesse«

Emilie Meier war eine einfache Frau. Sie entstammte einer alteingesessenen Bauernfamilie aus Handschuhsheim. Als Sechzehnjährige half Emilie im Ersten Weltkrieg in einer Lazarettküche. Inmitten von Kochgeschirr und rationierten Lebensmitteln sammelte sie dort ihre ersten Erfahrungen im Arbeitsleben und sie erfuhr, was es hieß, im Krieg zu leben. Den Krieg als Folge politischer Zusammenhänge zu sehen, überhaupt politische Prozesse zu erkennen und zu benennen, das begann für sie in dieser Zeit der Hungerjahre mit dem Kohlrübenwinter von 1917.

Schließlich hatte sie damals das Schlüsselerlebnis in der Lazarettküche: »Wenn die Deutsche e Schlacht gewonne habe, da habe alle Kircheglocke geläutet. Die katholische und die evangelische. Da bin i nauf in mei Zimmer un hab geheult. I hab halt immer daran denke müsse, wie viel Leut jetzt wieder gestorbe sind. Und die andere in dere Küch, die habe gesagt, des isch e Kommunischtin, weil i mi net über den Sieg freue könnt.« Sie empfand Mitleid mit allen Opfern des Krieges und sah, dass Krieg die Menschen zu Opfern machte. Das unkritische und patriotische Verhalten ihrer Kolleginnen war für sie unverständlich. Allerdings musste sie mit deren Reaktion auf ihre eigene kompromisslos humane Haltung leben: »I war kei Kommunischtin, aber i hab gsagt, gut, dann bin i ebe e Kommunischtin. Ja, des isch des wie mer Kommunischt wird.«

Während der Hunger- und Inflationsjahre hatte sie nach dem Krieg bei Verwandten in der Landwirtschaft gearbeitet; ihren Lohn hatte sie damals in Naturalien und auch in Geld bekommen. Sie schloss eine Ehe, die nicht von Bestand war, denn ihr Mann ging wieder zu seiner Herkunftsfamilie zurück. Sie, seine Ehefrau, hatte sich ihm verweigert. Emilie Meier wollte ihm nicht immer Recht geben, vor allem dann nicht, wenn er Unrecht hatte.

Im Zweiten Weltkrieg hatte sie in einer Fabrik gearbeitet und mit Sondermeldungen zu tun gehabt. Überhaupt die »Nazizeit«. Daran erinnerte sie sich noch sehr genau – damals im Sommer 1976. Handschuhsheim war wie Rohrbach ein Zentrum der Nationalsozialisten gewesen. Und sie erinnerte sich noch gut an die Mühltalstraße, wo damals so viel »Nazifahnen« gewesen waren, dass die Häuser dahinter verschwanden. Und die Nationalsozialisten, ihre Uniformen und ihre Namen hatte sie nicht vergessen.

Nach dem Krieg lebte sie wieder mit ihren Eltern, pflegte ihre Mutter mit der Unterstützung eines Zivildienstleistenden und musste nach dem Tode ihres Vaters erleben, dass sie bei den Handschuhsheimern nicht mehr willkommen war. Nach dem Wunsch der Leute hätte sie nicht wieder kommen sollen. Als alleinstehende ältere Frau, die nur über wenig Einkommen verfügte, sich aber trotzdem noch immer »gradheraus« zu Wort meldete und deftig bis anzüglich ihre Meinung in aller Öffentlichkeit sagte, das war nach dem Tod des Vaters nicht mehr toleriert. Die Leute begannen sie zu schneiden oder schlecht zu behandeln, sie wurde aufgefordert, aus Handschuhsheim wegzuziehen. Aber sie ging nur dahin, wohin sie ihre Füße selbst setzen wollte. Ihr Motto war: »I zieh na wo i will!« Und das hieß, dass sie blieb.

»I hab mal wieder mei Wut – aber mit Recht moin i«

Sie kümmerte sich nicht um ihren Ruf, im Gegenteil. Recht lauthals schimpfte sie in aller Öffentlichkeit über das Leid der Welt. Mutig benannte sie Themen, von denen niemand sprechen und auch nicht hören wollte. Emilie Meier scheute vor Tabus nicht zurück. Dem äußeren Anschein nach war sie typisch für ihre Generation, so zum Beispiel in ihrer Kleidung. Meist trug sie ein einfach geschnittenes, blümchengemustertes Baumwollkleid, eine Halbschürze darüber und bequeme, warme Hausschuhe. Ihr weißes Haar hatte sie in ländlicher Manier im Nacken geflochten. Einerseits war ihre Erscheinung schlicht und unauffällig, andererseits klagte sie aus dieser Einfachheit heraus soziale Missstände im Lande an und wies auf rechtsradikale oder neonazistische Tendenzen in der Region und in ihrer Umgebung hin. Sie war eine Herausforderung an die Konventionen. Damit machte sie sich nicht nur Freunde.

Ihre Direktheit wurde von den Betroffenen allerdings nicht als Meinungsäußerung, sondern als Beleidigung und Beschuldigung verstanden. Es kam zu Tätlichkeiten und zu Attacken gegen die alte Frau. Die Rede war von einer Latte, die ihr über den Kopf gehauen wurde, von einem Eimer E 605, der über sie gekippt wurde, und von einem Gartenschlauch, mit dem sie nächtens blau geschlagen wurde.

Dabei begegnete sie Menschen überaus herzlich. Sie schenkte Kindern Blumen aus ihrem Garten, unterhielt sich gerne über klassische Musik oder über das Theater. Schließlich mochte sie schöne Dinge wie Blumen oder auch ihr Lieblingsbild in ihrer Wohnung. Das war die dramatische Darstellung einer barocken Maria Magdalena, die mit weit geöffnetem Haar und sprechender Geste entzückt aus ihrem Bild herausschaute. Dennoch beschwerten sich Nachbarn bei der Behörde, dass Emilie Meier sich eindeutig abweichend vom »Normalen« verhielte. Tatsächlich war sie auf ihre Art eigentümlich.

Eine Anzeige bewirkte ihre Vorladung zum Staatlichen Gesundheitsamt, um ihre geistige Gesundheit zu untersuchen. Das Gericht befand die wiederholt vorgetragenen Gründe als ausreichend und es kam zur Zwangseinweisung in die psychiatrische Landesheilanstalt in Wiesloch. Im Sommer 1971 wurde Emilie Meier durch die Polizei und zwei kräftige Pfleger überrascht und mit einem Sanitätswagen nach Wiesloch abtransportiert. Einer Nachbarin konnte sie aus dieser Überrumpelungssituation heraus zurufen, dass sie sich um ihre zwei Katzen kümmern solle. Danach war sie ihrer Selbstbestimmung entzogen.

Mit einem offenen Brief protestierten siebenundzwanzig Handschuhsheimer beim *Heidelberger Tageblatt* damals gegen dieses Vorgehen. Unter dem Titel »Hexenverfolgung in Handschuhsheim – Alte Frau amtlich gekidnappt« wurde ihr Brief gegen die Verfolgung der alten Frau gedruckt. Dieser Vorfall sei in Heidelberg im Jahr 1971 ein Skandal, denn die Stadt verfügte mit Mannheim über die zeitgemäßesten psychiatrischen Behandlungsstätten und sei die Wiege der verstehenden Psychologie. Die Würde des Menschen sei grundgesetzlich geschützt und Eigentümlichkeit kein Grund, jemandem die Freiheit zu rauben.

Ja, sie war im »Irrenhaus« gewesen. Sogar wiederholt wurde sie nach Wiesloch in die Landesheilanstalt verbracht. »Das langt dann au zum verrückt werre«, meinte sie danach. Eine gesunde Reaktion auf einen für sie absonderlichen Akt der Willkür und Gewalt. Und es ist nicht verwunderlich, dass sie danach ohnmächtig festhielt: »wer recht hat, kriegt keins ...«

Als Emilie Meier schließlich entlassen wurde und wieder in ihr eigenes Leben zurückkehrte, da hatte man einen Teil ihrer Sachen fortgeworfen. Es sei Sperrmüll gewesen, wurde ihr gesagt. Nach diesem Schock trauerte sie vor allem um ihren »schöne alten Küchenschrank« und um ihre Gedichte. In denen hatte sie sich ausgedrückt, ihren überquellenden Gefühlen eine Form gegeben, wenn sie das Leiden der Welt zu sehr bewegte. Und um ihren schönen Garten mit Blumen, Äpfeln, Johannisbeeren trauerte sie. Denn nach ihrer Rückkehr war alles nur noch Rasen – damit sie sich im Sommer in die Sonne legen könne. Sie, eine Frau, die immer körperlich gearbeitet hatte. Was sollte sie sich in ihren alten Tagen faul hinlegen?

Als sie von ihrem Klinikaufenthalt entlassen und wieder in ihren Lebensalltag zurückgekehrt war, bestanden die Probleme weiter. So wurde sie von einem Klinikarzt befragt, warum sie sich denn überhaupt aufrege. Sie erzählte ihm die Geschichte mit den Pflaumen: In ihrer Umgebung habe ein Mann einen schönen Pflaumenbaum. Dessen heruntergefallene Früchte hatte sie früher auflesen können, weil die Eigentümer reich seien und sich zum Pflaumenauflesen nicht bücken wollten. Nun sei der alte Eigentümer gestorben und dessen Sohn, der politisch rechts gewesen sei, habe ihr verboten, die Pflaumen zu holen, weil sie ihm einmal die Meinung gesagt hatte. Der Professor hakte nach und fragte Emilie Meier, warum sie denn nicht ruhig sei und sich mit dem Menschen streite: »Da hab i gsagt: Herr Professor, hab i gsagt ... wege dene paar Pflaume soll i de Mund halte?!«

Handschuhsheim, »Hendesse«, war ihre Heimat. Genauer gesagt war es die Mühltalstraße. In dieser Straße hatte sie an der engen Stelle gelebt, an der sich die Fußgänger an die Hauswand quetschten, wenn Gegenverkehr kam. Emilie Meier sprach mit allen, die vorbeikamen: über Gott und die Welt, das Leiden auf und an ihr. Im Sommer saß sie vor ihrem Haus, sang und las Zeitung. Besonders mit dem erst im Jahr 1969 zugezogenen Nachbarsmädchen tauschte sie sich aus. Über die Zeitung sprachen sie – damals. Dabei saßen sie nebeneinander auf der Treppe und verhandelten die tagespolitischen Themen wie § 218, die Bayreuther Festspiele bis hin zur Fahrpreiserhöhung der Heidelberger Straßenbahn. Die Schülerin war siebzehn, in der Schülerbewegung engagiert und überrascht darüber, dass sie, die sich für eine demokratische Schülermitverwaltung einsetzte, ähnliche Einstellungen hatte wie die alte Handschuhsheimerin, die ihre Oma hätte sein können.

Die alte Frau war in den 1970er Jahren misstrauisch gegen offizielle Verlautbarungen in der Zeitung und im Fernsehen. Es käme nur das an Information für die öffentliche Meinung, was gezeigt werden solle. Sie kritisierte damit, dass die Gesellschaft gelenkt würde, dass man nicht mehr Recht erhalte, es sei denn man zähle zu den Reichen, zu den alten Nazis oder zu Parteien, egal ob SPD oder CDU, alle seien auf der Seite der Besitzenden. »Wenn des eim sei Privatsach isch, da sag i nix. Aber des isch heut halt sehr vermischt, des Private und des Politische.« Eine der typischen Redewendungen von Emilie Meier war »ich hab gsagt« gewesen. Und das, was sie dann sagte, das klang damals vollmundig und laut in ihrem echten »Hendesser« Tonfall. Damit brachte sie Witz, Wut, menschliche Wärme, ein großes Herz für die Schwachen der Welt und unerbittlichen Zorn gegen falsche Autoritäten zum Ausdruck. Bei solchen »Leut« war sie hemmungslos. Da kam es auch vor, dass sie ihre »Wut« hatte, »aber mit Recht«, wie sie es bewertete – »moin i.«

Sie bemängelte das Wegschauen der Leute. Rückblickend konstatierte sie: »hättet ihr d' Auge aufgemacht, dann hättet ihr gseh ...«. Vom vergessen oder Verschweigen wollte sie nichts wissen. Sich aber mit anderen zusammenzuschließen, um zielstrebig etwas zu ändern, das war nicht ihr Anliegen. Nein sie war kein Teil einer Gruppierung, von der Politik wollte sie nichts wissen, sie ging ja auch nicht wählen.

Angesichts der politischen Wende in Spanien, Portugal und Griechenland erhoffte sie eine Wende zum Guten. Zum tagespolitischen Wegräumen von Hindernissen hatte sie resolut respektlose Lösungswege parat, wie beispielsweise, dass »die Italiener erscht noch de heilige Vater nausschmeisse müsse«. Denn kirchenkritisch und gegen blinden Konformismus war sie auch als alte Frau. Den sonntäglichen Kirchgang als Ausdruck eines angepassten Verhaltens, kritisierte sie mit ihrer Frage nach dem christlichen Handeln im Alltag, im Daheim, was dort geschehe: »Zuhaus sind sie schlimmer wie die Teifel.«

Bei einem weiteren Klinkaufenthalt verstarb Emilie Meier, die von einem Nachbarn regelmäßig besucht worden war. Wie genau und wann das war, hatte nach Emilie Meier keine Relevanz, denn »Die Wahrheit wolle die Leut doch net wisse ...«.

»Nie aufgehört Heidelberg zu lieben«

Die Dichterin Hilde Domin

(1909–2006)

Seit dem 22. Februar 2006 ist der Schreibtisch von Hilde Domin verwaist. Heidelbergs berühmte Dichterin der Nachkriegszeit starb mit 96 Jahren an den Folgen eines Sturzes. Die Stadt Heidelberg, die sie seit ihrem ersten Studienaufenthalt 1929 »nie mehr aufhörte zu lieben«, hat mit ihr mehr als ihre dritte Ehrenbürgerin verloren. Das städtische und besonders das literarische Leben muss mit dem Verlust ihrer Grande Dame der deutschen Literatur leben. So hatte die Oberbürgermeisterin Beate Weber die Lyrikerin bei der Überreichung der »Bürgermedaille der Stadt Heidelberg« anlässlich ihres neunzigsten Geburtstages bezeichnet. Den runden Geburtstag feierte Domin früher als von allen erwartet, sie hatte sich stets um drei Jahre jünger gemacht.

Hilde Domins Präsenz in Heidelberg war echt: Die Jugendlichen werden ihre Lesungen in den Schulen vermissen. Denn sie vermochte ihr Publikum jeden Alters stets zu bannen, so dass die Zahl ihrer Lesekreise ständig anwuchs. Die Oberbürgermeisterin wird nun keine Anrufe mehr von Domin erhalten, in denen sie mit feiner Stimme auf Misslichkeiten in der geliebten Stadt aufmerksam machte. Und natürlich hinterlässt sie in der Stadtbücherei eine große Lücke. Zwar bleibt dort neben einer umfassenden Werksammlung auch noch das ehrenvolle Andenken, denn zum fünfundachtzigsten Geburtstag wurde der Schriftstellerin der zentrale Raum namentlich gewidmet. Selbstverständlich führt Domin auch weiterhin die Porträts der Stadtbücherei von »Heidelbergs Autorinnen und Autoren« im Internet an.

»Dennoch-Vertrauen« – Entwicklungsjahre in Köln

Seit 1954 erhob die Vielsprachige ihre Stimme öffentlich in deutscher Schrift und Sprache. Sie mischte sich ein und verschaffte ihrer zutiefst humanistischen Botschaft vom »Dennoch-Vertrauen« variationsreich Gehör. Ihr lebenslanger Glaube an »die Möglichkeit des Unmöglichen«, wie sie es nannte, und ihr lautes Appellieren gerade an dieses Paradox, war ihr bereits im Elternhaus mitgegeben worden. So erklärte sie es sich jedenfalls, dass sie den Glauben an die Menschen nicht zu verlieren vermochte – trotz Holocaust, Flucht und Exil. Denn ihre Mutter und ihr Vater statteten sie mit einem so großen Maß an Urvertrauen aus, dass sie ihr Vertrauen in die Menschen immer wieder hatte erneuern können.

Am 27. Juli 1909 wurde Hilde Domin als Hilde Löwenstein in Köln geboren, die Familie lebte in der Riehlerstraße. Es war ein assimiliert jüdischer Haushalt, für dessen Mitglieder ein Konvertieren zum Christentum niemals Thema war. Ihre Zugehörigkeit zum »Judesein« war für Domin Schicksalsgemeinschaft, in die sie ungefragt – wie in das Leben überhaupt – hineingestoßen worden war. Ihre Mutter war eine ausgebildete Sängerin, die aus Geboten der bürgerlichen Schicklichkeit nicht auftrat; ihr Vater Siegfried Löwenstein war Rechtsanwalt und entstammte einer Juristenfamilie. Im Ersten Weltkrieg wurden die Kinder, also sie und ihr Bruder, bei Fliegerangriffen in das sicherere Erdgeschoss hinuntergetragen. Gemeinsam mit dem jüngeren Bruder eroberte sie sich das Raucher-, Speise- und Kinderzimmer, den Salon und den langen Flur. Unter den wachsamen Augen eines Kindermädchens spielten sie mit Stelzen, Holländer, Rollschuhen oder mit ihrem Schaukelpferd »Wotan«, einem Apfelschimmel. Sämtliche Zimmer ihrer Hälfte der bürgerlichen Wohnung standen ihnen zu Gebote. Nur in der Mittagszeit galt es ihnen Ruhe zu wahren. Denn dann war ihr Vater da, den sie auch später als heranwachsende Frau als kompromisslosen Idealisten und Demokraten bewunderte.

Als Kind hielt sie kleine Tiere wie Meerschweinchen, die sie zuerst in der Wohnung und später auf einem der beiden Balkone unterbrachte, um sie schließlich an Kinder, die einen Garten hatten, weiterzugeben. So geschah es jedenfalls mit dem großen, bunten und exotischen Ara, der an die Kinder vom Bürovorsteher ihres Vaters weitergereicht wurde.

Besonders die elterliche Bibliothek faszinierte das Mädchen, vor allem der glasverkleidete Bücherschrank aus schwarzer Eiche mit einer Donatellobüste aus Bronze auf der Konsole, der von zwei Seitenschränken flankiert war. Die väterliche Seite war mit Likören, die mütterliche mit Nähutensilien angefüllt – wobei sie später betonte, ihre Mutter nie handwerken gesehen zu haben. Meterweise konnte die Tochter sich durch Klassiker, Geschichte, aber auch durch moderne Literatur wie Hesse, die beiden Manns oder Colette lesen. So wurde sie zu einer »gefürchteten« Schülerin, die mehr wusste, als im Lehrplan vorgesehen war.

Ihr Abitur legte sie 1929 am humanistischen Mädchengymnasium Merlo-Mevissen in Köln ab. Ihre moderne paneuropäische Begeisterung, die sie in der Prüfung darlegte, wurde vom dortigen Schulrat nicht geteilt und sie schloss mit einer Zwei anstelle einer Eins ab. Dies war für die junge Frau in der jungen Weimarer Demokratie ein so großer Affront gegen ihr Rechtsempfinden, in dem sie sich an der Kompromisslosigkeit ihres Vaters orientierte, dass sie »aus Wut und Kummer« ihr einziges Seidenkleid von Patou, dem damaligen »Dior«, zerriss. Danach begann sie ihr Jurastudium in Köln.

»Ein erstes Leben« – Studienjahre

1930 wechselte sie sowohl das Studienfach als auch die Universität. Das selbstständige Leben begann für sie an Ostern in Heidelberg. Hier studierte sie Nationalökonomie, Soziologie und Philosophie und verliebte sich in einen Russen. Nach ihrer eigenen Einschätzung war diese Verliebtheit »in den ersten Anfängen« stecken geblieben. Bereits zu Weihnachten kehrte sie nach einem Unfall in das heimatliche Köln zurück. Sie war mit ihren in Zelluloid und Lockenwickler eingepackten Haaren am Radiator »in Brand geraten«. Die entstandene Wunde konnte sie in der Obhut der Familie ausheilen.

In dieser Zeit trat sie in die sozialistische Studentengruppe ein und beschäftigte sich intellektuell mit dem Sozialismus. Dazu hatte ihr der Kommunist Richard Löwenthal noch in Heidelberg geraten. So setzte sie sich unter anderem mit dem *Kapital* von Karl Marx auseinander. Und zwar gründlich, das hieß für sie inhaltlich in die Tiefe »von Deckel zu Deckel« zu lesen und analysierend mit anderen darüber zu diskutieren. Sie wollte nicht nur in Schlagworten arbeiten, wie es nach ihrem Dafürhalten die nachfolgenden Generationen größtenteils nur noch zu tun schienen.

Ihre Gruppe jedenfalls arbeitete im Herrenzimmer ihrer Eltern zu ökonomischen Theorien. Damals waren nicht nur Studierende in der Gruppe, auch Arbeiter zählten dazu. Was im Kaiserreich noch undenkbar gewesen war, wurde in der Republik nun praktiziert: In der bürgerlichen Wohnung der Fabrikantennichte saß im Ohrensessel ihres Fabrikantenonkels ein Arbeiter aus dessen Fabrik und diskutierte mit ihr über Verteilungsfragen, über Mehrwert und Ausbeutung. So erhielt die Studentin Informationen über den Fabrikalltag und Erfahrungen aus dem Leben der Arbeiterklasse aus erster Hand. Einst als »verzärteltes Kind« aufgewachsen, konnte die junge Frau nun Einblicke in eine so ganz andere Realität gewinnen, die sich ihr nicht vermittelt über Papier oder Analyse, sondern direkt über die Menschen erschloss. Das prägte sie.

Die demokratische Weimarer Zeit war erst vor elf Jahren angebrochen. Der Verwaltungsapparat der jungen Republik hatte sich zwar gegenüber den Anfangszeiten des revolutionären Umbruchs wesentlich gefestigt. Doch die politische Klasse und ihre geistige Elite blickten einerseits naiv und hoffnungsvoll auf die weitere Entwicklung, sie waren aber auch unsensibel gegenüber den konkreten materiellen Nöten der Bevölkerung. Sie nahmen die aufkommende nationalsozialistische Bewegung mit ihren Gefahren nicht ernst genug. Noch als Fünfundachtzigjährige setzte sich Domin mit den Fragen der Entstehung des Nationalsozialismus und den drohenden Gefahren des Neofaschismus auseinander. Besonders wenn Teuerung und materielle Not den gesellschaftlichen Frieden unterwandern, drohe Gefahr, so betonte sie später und sprach sich gegen die Streichung von Sozialhilfebeiträgen aus.

Mit Anfang zwanzig wechselte die Studentin ihre Universität und ging von Köln und Bonn nach Berlin. Wieder trat sie in eine linke Studentengruppe ein. Um deren Mitglieder – Sozialisten – besser kennen zu lernen, sammelte sie Parteibeiträge ein. Kassenwart sei sie allerdings nie gewesen, stellte sie in ihrer Heidelberger »Erzählten Geschichte« klar. In Berlin besuchte sie politische Versammlungen, auch die der Nationalsozialisten auf der Hasenheide. Begleitet von fünf oder sechs sozialdemokratischen Studenten aus ihrer Gruppe kam sie sich dort im Meer der NS-Uniformierten Männer »sehr eingeengt« vor. Und nicht nur das.

1931 kehrte sie wieder nach Heidelberg an den Neckar zurück. Es war die »große Zeit« der regen, aufstrebenden Gesellschaftswissenschaften, in der Neues gedacht und Frauen wie Else Jaffé oder Marie Baum gehört wurden. Als Heidelberg längst ein »intellektuelles Weltdorf« war, da kam Domin das erste Mal zurück: Das Gebäude der Neuen Universität, das von amerikanischen Spenden finanziert worden war, war gerade für den zentralen Lehrbetrieb eröffnet worden. Noch waren es die Pallas Athene und Gundolfs Spruch »Dem lebendigen Geist«, die über dem Hauptportal der *university hall* sinnstiftend den Weg in die Alma Mater und deren Wissenschaftsbetrieb wiesen. In diese Tradition trat sie ein, sie war für sie leitend und beflügelnd.

Die Schülerin von Karl Jaspers, Karl Mannheim und Gustav Radbruch traf sich mit der Heidelberger sozialistischen Studentengruppe im Café Krall. Das Literaturcafé in der »Friedrich-Ebert-Anlage« war die Adresse, wo sich die Linken trafen. Diese Kreise demonstrierten am 1. Mai, mit Löwenthal oder Goldberg als Redner, die lauthals vom Brunnen vor dem Rathaus agitierten. 1932 war sie auf dem Ostermarsch dabei. Nie – so beteuerte sie dies auch noch Jahre später – wäre ihr die Idee gekommen, eine andere Adresse aufzusuchen als das Krall, die Alternative etwa, das Café Häberlein, das ganz in der Nähe gelegen war, besuchte sie nicht. In der »Anlage« hatte eines ihrer zahlreichen Heidelberger Domizile gelegen, eine jener Wohnungen, die sie später als Station, als Aufenthalt begriff. Eben als Ort, an dem sie hatte Zuflucht finden können, der ihr Behausung bot, bevor das plötzliche Gehen kam.

Während ihres zweiten Heidelberger Aufenthaltes lernte sie 1931 den Archäologen Erwin Walter Palm in der Marstallmensa kennen. Der Anhänger von Stefan George war national gesinnt und besaß eine Tendenz zur Vergeistigung. Die beiden lasen demnach lieber gemeinsam Platon und andere griechische Texte, als sich politisch zu engagieren. Ihr erster Kuss geschah im Stückegarten des Heidelberger Schlossgartens, unweit der Erinnerungstafel mit dem Gedicht der Lyrikerin Marianne Willemers. Darin gedenkt diese ihrer romantischen Begegnungen mit dem wesentlich älteren Johann Wolfgang von Goethe in den Jahren 1814/15. Die Stelle an der lesenwerten Gedenktafel benannte Domin als Entscheidungsort für ihren weiteren Lebensweg und als Beginn ihres Lebens mit Palm als Paar. Das Erlebnis als solches verband sie mit der Stadt. Es war ihre ganz eigene Erinnerung, auch als sie nach Heidelberg zurückkehrte, das dritte Mal, als sie dann nicht mehr fortging, sondern hier zu wohnen und zu bleiben begann.

Als der Südflügel der Neuen Universität des Danziger Architekten Gruber 1934 eröffnet wurde, war die Studentin bereits vor dem erstarkenden Nationalsozialismus aus Deutschland geflohen. Das geistige Klima hatte sich in der ältesten Universitätsstadt Deutschlands geändert – und nicht nur das. Die wissenschaftliche Lehre stand nunmehr – wie die Universitätsfassade – unter dem Leitspruch »Dem deutschen Geiste« und war programmatisch mit einer heroischen Männerbüste, Greifen und Bronzekränzen in der Hauptfassade geschmückt. Der Pallas Athene hingegen, in Europa traditionell die allegorische Darstellung für intellektuelle Arbeit, war mit ihrem Genius in der Hand ein anderer Ort zugewiesen worden: Die Kopfgeburt von Zeus, die Göttin Athene, war »um die Ecke« gebracht worden und hing nun auf der Rückseite unweit des Marsilius-von-Inghen-Platzes.

Heidelbergs Veränderungen in der NS-Zeit erlebte die angehende Politologin mit ihrem Freund Erwin Walter Palm nicht aus nächster Nähe mit. Die Intellektuelle war, politisch sensibel durch ihren vorausahnenden Verstand, bereits ab 1932 im unsicheren, doch sichernden Exil.

Das Paar reiste zunächst zum Auslandsstudium nach Rom. Ab 1933 wurde die Reise zum Exil; mit Hitler an der Macht und dem Aufbau des totalitären NS-Systems war für die deutsche Jüdin an eine Rückkehr in ihre Heimat nicht mehr zu denken. Für sie begann vielmehr eine »Sprach-Odyssee«, die mehr als zweiundzwanzig Jahre dauern sollte und die sie zwangsweise um den Globus führte. Darum war ihr später als Dichterin das Thema »Rückkehr« wichtiger als das der Flucht, da Rückkehr auf Freiwilligkeit beruhe.

An der Universität Florenz schloss die junge Frau im Jahr 1935 ihre Studienzeit mit einer Einser-Promotion in politischer Wissenschaft ab. Sie behandelte die Staatstheorie der Renaissance: »Pontanus als Vorläufer von Macchiavelli« lautete ihr Thema. Aktuelle politische Bezüge zum faschistischen Umfeld formulierte sie nicht. Erwin Walter Palm hatte über Ovid, den viel gelesenen respektlosen Vers-Erzähler und Liebeskunst-Ratgeber des augusteischen Zeitalters, promoviert. Eine Dozentur an der Universität Florenz schlug die frischgekürte Dr. Hilde Palm aus, sie folgte ihrem Partner wieder nach Rom. An ihre Promotionen schloss sich für sie ein ebenso unglaubliches wie wunderbares Geschehen an: Sie und Palm heirateten in Rom und begründeten eine Lebensgemeinschaft, die sechsundfünfzig Jahre währen sollte, bis er 1988 in ihren Armen starb.

Ihren Lebensunterhalt verdiente Hilde Domin mit Sprachunterricht. Von den Eltern erhielten sie und ihr Mann englische Gedichtbände nach Italien geschickt, um die Sprache zu lernen. Noch vor Kriegsbeginn emigrierte das Paar 1939 über Paris nach England, nachdem sie über Verwandte vermittelt ein Visum erhalten hatten. In Minehead arbeitete Domin am St. Aldwyn's College als Lehrerin für Französisch und Latein.

In Somerset traf das junge Ehepaar ihre Eltern wieder, die sich auf Drängen der Tochter bereits nach England abgesetzt hatten. An ihrem Silbernen Hochzeitstag hatten sie von Köln aus eine illegale Spazierfahrt über die grüne Grenze gemacht und waren geflohen. Dieser lebensrettende Verstoß gegen das lautende Gesetz stellte eine Herausforderung für den gewissenhaften Juristen dar, der ihr Vater war. Doch er konnte sich zu der Erkenntnis durchringen, dass eine Diktatur Recht zu Unrecht und Unrecht zu Recht wandelt und sie lebende Teile solch einer Umwandlung waren. Die Eltern hatten sich noch vor 1939 auf eine Warteliste für die Ausreise in die USA eingetragen. Sie drohten den Kindern, ihre Ausreise nicht wahrzunehmen, solange diese in England blieben. Denn nach Dünkirchens Fall und dem vernichtenden Sieg der Wehrmacht an der Westfront befürchteten die Emigranten eine Einnahme Großbritanniens durch die Nazis mit einem anschließenden Vernichtungszug wie in den Niederlanden. Hilde Palm pilgerte von Konsulat zu Konsulat, um irgendein Einreisevisum zu erhalten. Hätten sie über mehr Geld verfügt, erklärte sie als Hochbetagte, wäre ihnen eine Flucht nach Argentinien, Mexiko oder Kanada möglich gewesen. Doch sie hatte Glück: Der dominikanische Konsul war Schriftsteller, er erzählte der Hilfesuchenden bei einem Spaziergang im Hyde Park von seinem Buch – und sie erhielt das Visum.

Am 24. Juni 1940 schifften sich die Palms nach Kanada ein; am selben Tag wurde ihr Vater verhaftet und bis zur Abreise in die USA interniert. Zwar kam er mit seiner Frau in den USA an, er starb allerdings an den Folgen der Anstrengungen und Demütigungen, die die Vertreibung mit sich gebracht hatten.

Die Reise der Palms führte über Jamaika und Kuba in die diktatorisch regierte Dominikanische Republik. Das Land war keineswegs ihre Wunschadresse, aber ein Ort, an dem sie sein konnten. Wieder waren es Gedichte, die ihnen die neue Sprache Spanisch eröffneten, und mit der Sprache erschloss sich auch der Zugang zur weiteren Kultur. Am 4. August waren sie angekommen. Auf einer Insel in der Karibik, auf der sich so gar nichts »römisches« bot. Was also sollte ein Archäologe dort? Mit dieser existenziellen Frage sah sich Palm konfrontiert, bis er erkannte, dass die alten Kolonialhäuser den Hausplan eines Atriums hatten. Sein Hauptwerk *Die Baudenkmäler der Insel Hispaniola* entstand, eine kunsthistorische Professur folgte.

Hilde Domin war bis 1953 seine Assistentin, sie korrigierte seine Arbeiten und machte sie druckreif – sie war Sprachhandwerkerin. Sie ließ sich als Architekturfotografin ausbilden und wurde Dozentin für Deutsch an der Universität von Santo Domingo. Drei längere Aufenthalte in den USA zwischen 1945 und 1954 unterbrachen ihre Zeit der Duldung in einer Diktatur.

Wiedergeburt ins Wort

Mit neununddreißig Jahren begann ihre neue Existenz. Sie beschrieb es stets damit, dass sie »wiedergeboren« wurde – ins Wort hinein wiedergeboren. Ihre Mutter war 1951 in New York gestorben. Sie, die Tochter, war in der Karibik und wollte die Mutter besuchen. Gleichzeitig mit dem erbettelten Reisegeld erhielt sie die Todesnachricht. Plötzlich befand sie sich in einer existenziellen Krisensituation – und schrieb ihr erstes Gedicht, über Nacht. Weil sie nicht anders konnte, weil sie als Akt der Selbstbefreiung hatte Worte finden müssen, um das Leid überwinden zu können. Ihr Mann entgegnete ihr morgens noch: »Du schreibst keine Gedichte – als ob eine Katze zu reden beginne.« Als er ihren Text aber gelesen hatte, war er, der längst schon dichtete, verblüfft. Und sie dichtet weiter, am Rande des Freitodes, quasi als Sterbende, schrieb sie gegen das Sterben an. Solange sie schrieb, war sie am Leben.

Ihre Lyrik entstand aus innerer Notwendigkeit, sie war und ist zweckfrei, wie es die Lyrik für die Dichterin grundsätzlich war. Ihre Gedichte dienen dem Leben; sie schreien geradezu nach dem »Unmöglichen«: zu bewegen, lieben zu lehren und vor allem zu »enthassen«. Und ihr, der deutschen Jüdin, die aus dem Exil freiwillig in das Land der Täter zurückkehrte, ihr glaubt man. Sie, die sich durch ihre »Heimkehr ins Wort« vor dem drohenden Entwurzeln durch das Exil in vielen Ländern und Sprachen in die deutsche Sprache hineinrettete, sie rief und rüttelt für eine andere Welt. Unablässig durchbrach sie mit ihrem auf Dialog ausgerichteten Schreiben die schmerzende Mauer von Verschweigen und dem Unvermögen zu sprechen.

Knapp zehn Jahre nach Kriegsende kehrte das Paar nach Deutschland zurück. Als Referenz an ihr langjähriges Gastland, dem Ort, an dem 1951 ihr erstes Gedicht entstanden war, aber auch als Signal einer neuen Persönlichkeit und eigenen Sprache, nahm sie den Namen Domin an – zeichnete sie fortan »mit dem Namen einer Insel«. 1954 veröffentlichte sie Gedichte in der Zeitschrift »Hochland«. Ihr Erstlingswerk folgte 1959 mit dem Titel *Nur eine Rose als Stütze,* in dem ihr lyrisches Ich formulierte: »Ich richte mir ein Zimmer ein in der Luft (...) und sie trägt«. In leicht abgewandelter Form dient dieser Satz dem Ehepaar als Grabinschrift.

Die Arbeit jedenfalls wurde von Kollegen willkommen geheißen; Walter Jens betonte in der *Zeit* die »poetische Vollkommenheit im Einfachen«. Im Jahr darauf ereilte Erwin Walter Palm ein Ruf der Universität Heidelberg und das Paar ließ sich zum letzten Mal in der Neckarstadt nieder. Damals hatte sie im Mai 1961 in Köln ihre erste Lesung.

Als die Entscheidung für Heidelberg definitiv war, schaffte sie sich ihre wichtigsten Dekorationsstücke: zwei Vogelskulpturen. Das Bild des Vogels blieb seit ihrer Erstveröffentlichung ein Hauptmotiv in ihrem lyrischen Werk. So können die beiden Vögel auch als Metapher für das Umherziehen und die Freiheit gelesen werden: ein tönernes Trinkgefäß in Form eines iberischen »Urvogels« und eine fast noch weiße helle Holztaube. In jeder ihrer späteren Wohnungen schwebte diese Pfingsttaube mit ausgebreiteten Flügeln an einem unsichtbaren Nylonfaden aus einer Zimmerecke heraus. Etwas über Kopfhöhe zog sie – wie ein heiliger Geist – dahin. Als eine Inszenierung des »möglichbaren« Unmöglichen schwebte sie auf den Menschen zu, obgleich sie nur noch einflügelig war, denn ihr rechter Flügel war beinahe ganz abgebrochen.

Hilde Domins Lyrik gehört den Lesenden, die sich ihre Arbeit durch Lesen aneignen, sich – nach ihrer Einschätzung – in den existenziellen Gefühlen der Gedichte wiederfinden und darin Ermutigung finden. Sich motivieren lassen, für eine andere bessere Zukunft einzutreten, neu anzufangen. In »Abel steh auf« greift sie das Menschheitsthema Krieg und Brudermord auf; sie fordert den Gemordeten zum Aufstehen auf, »damit es anders anfängt / zwischen uns allen.« In dieser reinigenden und Hoffnung zusprechenden Funktion von Lyrik sah sie sich durchaus als Konkurrentin zum Priester.

Gedichte als politische Äußerung

Für Hilde Domin waren ihre Gedichte politisch, weil sie von ihr, einem politischen Menschen, an die Leser entäußert wurden. Vehement verteidigte die Lyrikerin ihre in sich zweckfreie und dogmenfreie Kunst, die Ausdruck ihres politischen Lebens, komprimierte Erfahrungen und eben kein Ergebnis von Leitsätzen sind. Damit trat sie bewusst in Gegensatz zu ihrem Kollegen Peter Handke, der nach ihrem Bewerten von Politik allein redete.

Am 11. Juni 1968 appellierte sie in ihrem Text »Postulat« in der *Frankfurter Allgemeinen Zeitung* eindringlich an den Menschen, an das »Tier, das den Mit-Schmerz kennt«, Zivilcourage hat, und an dessen Vermögen, sich durch Sprache in eine andere Welt einzuschreiben. Es war das Jahr, in dem sie den Ida-Dehmel-Preis erhielt, die erste ihrer zahlreichen Würdigungen, auf die der Droste-Preis, der Nelly-Sachs-Preis, die Verdienstmedaille des Landes Baden-Württembergs, der Friedrich-Hölderlin-Preis, die Ehrenmitgliedschaft der Akademie gemeinnütziger Wissenschaften, der Literatur-Preis der Konrad-Adenauer-Stiftung oder der Heidelberger Preis für »Literatur im Exil«, dessen erste Trägerin sie war, folgten – um nur einige zu nennen.

Sie selbst nannte sich einen großen »Einmischer«. Schließlich sind Lyriker für sie berufsmäßige Benenner. Unablässig mischte sie sich seit ihrer Rückkehr ein, gegen Vorauskonformismus, gegen das Abschieben von Asylanten, gegen die Praxis der Rechtschreibreform.

1997 empörte sie sich über das begrenzte und zaghafte Denken ihrer eigenen organisierten Zunft, der Schriftstellerei. Konkret war es die Politik des PEN-Clubs, dessen Mitglied sie seit 1964 war. Angesichts des Mauerfalls und der sich anschließenden Transformationsprozesse der politischen Blöcke schlug sie der renommierten internationalen Schriftstellervereinigung vor, die drei bestehenden Organisationen von PEN – West-, Ost- sowie den Londoner Exil-PEN-Club – aufzulösen und eine einzige neue Vereinigung zu schaffen. Doch der Club lehnte ihren Vorschlag »glatt ab«! Es war ihr nicht einsichtig, wie sie im Gespräch der lokalen Zeitung darlegte, warum PEN nach ihrem Ermessen nicht ausreichend auf die geänderte Weltlage reagierte. Es schien ihr, als ließe die Vereinigung die Chance verstreichen, den faszinierenden, aber auch einmaligen und friedlichen Umbruch in eine blockfreie Zukunft ungenutzt.

»Ein Hölderlin-Blick«

Ihren dichterischen Nachlass übereignete sie dem Deutschen Literaturarchiv in Marbach, nachdem die Einrichtung ihr hatte versichern können, politisch unabhängig zu sein und die Bestände standhaft bewahren zu können. Dort wird ihr Werk unter dem Namen Palm eingeordnet sein, damit Hilde Domin von ihrem Erwin Walter Palm posthum nicht getrennt werde – so war es ihr Wille. Künftig lassen sich dort ihre Bücher finden, die sie mit Hölderlin-Zitaten versehen hatte. Mit dem Dichter verband sie – genauso wie ihre verehrte Seelenschwester Nelly Sachs – ein Todessehnen und das existenzielle und »verrückte« Ringen und Hoffen auf »Helle«, auf Leben. 1974 schildert sie dies exemplarisch in »Meine Wohnungen«: »Ich habe ein Turmzimmer, halbrund wie das Zimmer der Droste und mit vier Fenstern, den Gaisberg gleich gegenüber mit seinen wunderbar dichten Bäumen, zu jeder Jahreszeit schön, noch die zarten Stämme im Winter, die ich fast einzeln kenne. Und unten die Stadt und der Neckar. Ein Hölderlin-Blick, sagen die Leute. Es ist ein Zimmer, in dem man nie freiwillig auf das Leben verzichten könnte, denn wenn man nur über die Nacht kommt, ist da Aufwachen zu schön. Ein Zimmer wie verordnet für einen Menschen wie mich, der ich seit meiner Rückkehr nach Heidelberg eher noch mehr auf der Kippe bin als früher. Mannheim und Ludwigshafen, dieser Horizont ist von hier oben wie eine Küste, die Schornsteine werden zu Schiffskaminen, und wir haben Sonnenuntergänge wie an einem südlichen Meer, wenn die Sonne die Abgase rötet.«

Was bleibt?

Ihr Schreibtisch wird in Heidelberg verbleiben. Hölzern und filigran ist er, mit geschwungenen Beinen, die an gotische Tische erinnern. Er stand quer zur Fensterfront in ihrer letzten Wohnung am Schlossberg und ermöglichte ihr einen freien Blick. Heute verschafft dieses hölzerne Gebilde einen flüchtigen Einblick in ihren im Februar 2006 plötzlich zurückgelassenen Kosmos: Links das Telefon und das dicke viel genutzte Ringbuch für Adressen. Auf der Herzseite das gerahmte Bild ihres Gefährten Erwin Walter Palm. Daneben liegt flach und fast unscheinbar ein versteinerter Vogel. Schräg dahinter steht ein kleiner hölzerner Löwe. Ihr Werk, das in einundzwanzig Sprachen übersetzt wurde, ist und bleibt der Auftrag, Sorge zu tragen für den schriftstellerischen Nachwuchs. Nach ihrem Tod wurde der Preis für »Literatur im Exil« nach ihr benannt; er fördert den literarischen Nachwuchs, der in Deutschland im Exil lebt.

Und es bleibt die Erinnerung an eine schöne Frau, die bis ins hohe Alter hinein die außerordentliche Gabe besaß »zu strahlen«. Eine Frau, die es mit ihren wachen und lebendigen Augen vermochte, mit ihrem Gegenüber in Kontakt zu treten, die mit ihren kleinen Händen während ihrer Lyriklesungen Taschentücher zerzupfte, und die Schnipsel unbemerkt um sich herum verstreute – wie einzelne verlorengegangene Rosenblätter.

»Ich liebe den weiten Blick, von dem auch Neues herkommen kann«

Die erste Oberbürgermeisterin in Baden-Württemberg: Beate Weber

*(*1943)*

Am 14. Dezember 1990 begann ein neues Kapitel der baden-württembergischen Landesgeschichte: Beate Weber übernahm die Amtsführung der Stadt Heidelberg und war damit die erste Frau Oberbürgermeisterin im »Ländle«. In der deutsch-deutschen Umbruchsituation sorgte sie auf kommunalpolitischer Ebene für Neuerungen.

Der fulminante Wahlsieg der SPD-Politikerin strahlte aus – von Oktober 1990 bis Sommer 2006 erhöhte sich die absolute Zahl der gewählten Frauen in den 1.110 Gemeinden und Städten in Baden-Württemberg von null auf dreißig. So liegt nun der Gesamtanteil von Frauen, die sich die politische Spitzenposition erkämpft haben bei knapp 3 Prozent. Von diesen haben etwa 11 Prozent das Amt einer Oberbürgermeisterin inne. Es ist ein dynamischer und respektabler Anstieg, der für die politische Partizipation von Frauen allerdings auf »keinen Fall ausreichend« ist, wie dies Oberbürgermeisterin Weber im Gespräch am 21. Juli 2006 äußerte.

»Für Frauen belegen, dass eine Frau solch einen Job gut ausfüllen kann«

Dass sie »Vorbild für viele« ist, bekommt die Oberbürgermeisterin von jungen Frauen während Veranstaltungen zum Beispiel der Landeszentrale für politische Bildung und bei anderen Gelegenheiten vielfach bestätigt. Dieses Faktum ist für sie »verblüffend«, obwohl sie weiß, dass sie als Pionierin »eine gewisse Verantwortung« trägt. So versucht sie ihre Arbeit ordentlich und gut zu

machen, denn hätte sie in den vergangenen sechzehn Jahren ihrer Amtsperiode große Fehler gemacht, »dann wäre das für Frauen sicher nicht gut gewesen, und die Tatsache, dass nach mir [B.W.] so viele Frauen in Baden-Württemberg gewählt worden sind, hat vielleicht auch damit zu tun, dass die Menschen gemerkt haben: Das geht, die Stadt bricht nicht zusammen, die Finanzen brechen nicht zusammen, man kann mit denen auch reden.«

So kann sie auf eine Ära zurückschauen, die frischen Wind in die Kommunalpolitik brachte und deren Ergebnisse vielfach ausgezeichnet wurden. Die Urkundensammlung im Rathaus verdeutlicht ihr persönliches und thematisches Engagement für die Stadt am Fluss: 1994 die Auszeichnung der Hochschule für Verwaltungswissenschaften Speyer für eine bürgernahe und wegweisende Verwaltungsreform, 1996 durch das ZDF-Frauenmagazin *Mona Lisa* als »Frau des Jahres«, 1996/97 die Ernennung zur Bundeshauptstadt für Natur und Umweltschutz, 1998 der »Total Equality« für eine geschlechtergerechte Kommune, 2001 der Landespreis für den Prozess »Lokale Agenda 21«, 2003 als ökologische Botschafterin mit dem »Goldenen Baum«, um nur einige Beispiele zu nennen.

Konfliktfrei sind die Jahre nicht gewesen, doch ihre politische Laufbahn lehrte die Grund- und Hauptschullehrerin seit ihrem Parteieintritt 1970, zwischen persönlicher Gegnerschaft und sachbezogenen Differenzen zu unterscheiden. Trotz negativer Schlagzeilen blieben 80 Prozent der Rückmeldungen durch Gespräche, Briefe oder kurze spontane Äußerungen auf der Straße positiv. Diese sehr emotionalen Rückmeldungen stärken und stabilisieren »auf eine ganz gute Weise« und lassen sie die »harte Verantwortung«, die sie am Wahlabend angenommen hatte, tragen.

Im Laufe ihrer politischen Karriere war es ihr langsam und stetig bewusst geworden, dass sie eine Aufgabe erfülle, die nicht nur darin bestehe, bestimmte Dinge zu tun und ein Amt auszuüben, sondern: »Für Frauen zu belegen, dass eine Frau solch einen Job gut ausfüllen kann«.

»Warum werden die Erfahrungen von jungen Frauen nicht abgefragt?«

Zur Politik war die Pädagogin der Boxberger Grund- und Hauptschule und der Internationalen Gesamtschule gekommen, weil sie gerne mit Menschen arbeitet und weil für sie Ungerechtigkeiten Ärgernisse darstellen, die mit allen zur Verfügung stehenden Möglichkeiten zu beheben sind. Ihre politische Karriere zielte stets auf eine gerechtere Verteilung. Bereits in ihrer ersten Lehrbeurteilung wurde ihr eine »progressiv-drängende Art« bescheinigt, die gerne akzeptiert werde. So hörte Beate Weber Willy Brandts Appell »Mehr Demokratie wagen« und wurde selbst aktiv: Warum sollte sie als junge Frau nicht kandidieren? So war sie 1975 bis 1985 Stadträtin in Heidelberg.

Bis heute tritt sie für eine streitbare Demokratie ein, um den Menschen zu vermitteln, dass sie mit ihrem Wissen und ihren Bedürfnissen durch unterschiedlichste Formen der Bürgerbeteiligung gefragt sind: durch runde Tische, durch den Ausländer-Migrationsrat oder auch durch den Jugendgemeinderat. Schließlich ist Demokratie für Beate Weber wie Frieden – nie sicher – und müsse deshalb durch ständige Achtsamkeit stets neu erarbeitet werden.

Es war wohl auch Brandts ultimative Forderung, Frauen in die Parteiarbeit der SPD zu integrieren, die ermöglichte, dass Weber ab 1975 Mitglied und bis 2001 stellvertretende Vorsitzende des Parteirates wurde.

Zur Frauenpolitik kam die Mutter einer Tochter durch sehr konkrete Punkte, die ihren Alltag als Frau betrafen. »Komischerweise« habe sie nie zur »Lila-Latzhosen-Fraktion« gehört, denn sie habe sich nie über Gruppen definiert, weder über die JUSOs (Jungsozialisten), noch über die ASF (Arbeitsgemeinschaft Sozialdemokratischer Frauen). Sie habe sich nicht aufteilen können, als sie in die Politik ging, denn zu diesem Zeitpunkt hatte sie bereits die Familie, den Haushalt und den Beruf, und alle Bereiche forderten ihre Kraft und Aufmerksamkeit. Für den »Seitenbereich« Frauenpolitik hat sich Beate Weber nie bewusst entschieden, der Schwerpunkt entwickelte sich für sie vielmehr aus der politischen Arbeit.

Aus eigener Erfahrung musste sie feststellen, dass die städtischen Einrichtungen die Interessen von Frauen, die tagsüber daheim waren, nicht berücksichtigten und dass die Möglichkeiten der Kinderbetreuung äußerst mangelhaft waren. »Richtig frauenbewegt bin ich immer stärker im Zuge meiner Berufstätigkeit geworden, weil ich merkte, dass es eben nicht ›von alleine läuft‹ und wie wichtig es ist, dass Frauen aktiv sind und sich beteiligen«.

1979 kandidierte Beate Weber für das Europäische Parlament, dem sie bis 1990 angehörte. Von 1984 bis 1989 war sie die gewählte Vorsitzende des Ausschusses für Umweltfragen, Gesundheit und Verbraucherschutz. Ihr Wahlkampfmotto lautete 1979: »Europa ist zu wichtig, um es alten Männern zu überlassen«. Es spiegelte ihre Erfahrungen und ihr Denken wider. Sie selbst hatte auf der kommunalen Ebene Probleme erlebt, die sie als Ausdruck allgemeiner Strukturen sah, in denen die Berufs- und Lebenserfahrungen von Frauen kaum oder wenig Gehör fanden.

Es sind die anderen Lebenserfahrungen, die Frauen machen, die in der Regel zu verschiedenen Erfordernissen, Herangehensweisen und Erwartungen an Politik führen: »Es geht ja nicht nur um Haushalt, es geht darum gleichzeitig zu schauen, dass die Geburtstage der anderen vorbereitet werden, der Haushalt in Ordnung ist, dass man seine Papiere rechtzeitig hat und der Koffer dennoch gepackt ist. Wir haben immer verschiedene Bereiche parallel zu bearbeiten und ich glaube, dass dies eine Lebenserfahrung ist, die Männern schlicht fehlt.«

Dieses gleichzeitige Zuständigsein für Ungleichzeitiges prägt auch die politische Arbeit von Frauen und begründet deren Engagement für übergreifende Themen wie zum Beispiel in der Friedens- und Umweltpolitik. Um der jungen Generation Einblicke und Zugänge für Bereiche des anderen Geschlechts zu ermöglichen, sind der Oberbürgermeisterin Angebote wie der »Girls Day« sehr wichtig. Dies ist ein bundesweit durchgeführter Aktionstag, an dem Heidelberger Mädchen und Jungen die Möglichkeit erhalten, für sie bislang unbekannte Berufsmöglichkeiten und Lebenskonzepte kennen zu lernen. So berichtete beispielsweise einmal ein sehr herb und männlich aussehender Jugendlicher in der Auswertungsphase des »Girls Days« von seinen Erfahrungen, die er mit der Arbeit auf einem Jugendhof gemacht hatte. Beim Erzählen von seinen positiven Erfahrungen mit den Menschen, wurde er zunehmend weicher und es war deutlich zu sehen, dass ihm eine bislang unbekannte Tür aufgegangen war. »Solche Seitenwechsel zu provozieren«, gerade auch in Kooperation mit der örtlichen Wirtschaft, sind Beate Weber ein wichtiges Anliegen. Ihrer Meinung nach gehört es zu den künftigen Aufgaben des Gender-Mainstreaming, solche übergreifenden Maßnahmen wie auch die Instrumente der klassischen Frauenförderpolitik in die Gleichstellungspolitik zu integrieren.

»Wie toll, dass sich endlich eine von uns traut!«

Der nächsten Generation empfiehlt die »Stadtmutter«: »Mut haben, neugierig sein, sich etwas zutrauen und dann hart arbeiten – das gehört auch dazu, das bedeutet auch Einschränkungen – aber es lohnt sich allemal, und zwar auf allen Ebenen«. Denn wer etwas anstrebt, kann Anerkennung erfahren. So hatte sie bei ihrem ersten Wahlkampf die wunderbare Erfahrung machen dürfen, dass eine ungefähr neunzig Jahre alte, kleine und zierliche Dame mit der Straßenbahn extra zu ihr zum Bismarckplatz gefahren kam, sie anstrahlte, an beiden Armen packte und sagte, wie toll es sei, dass sich endlich eine Frau traue.

Solche Erfahrungen bestätigten ihr immer wieder, dass Frauen sich gegenseitig unterstützen, andere Aussagen, wie etwa das Klischee von stutenbissigen Frauen, stellen für sie hingegen eine unsinnige Schutzbehauptung dar. Denn der Parlamentarierin war es in Brüssel eine geradezu greifbare Erfahrung gewesen, als sie in gewählter Position merkte: Frauen finden die Arbeit wichtig, sie sehen, dass solch eine Arbeit machbar ist und Freude bereitet, ohne dass man die Identität verliert.

So ist der Slogan: »Heidelberg braucht frischen Wind«, der den ersten OB-Wahlkampf überschrieb, heute eine bewährte Realität. Damals hatte die Heidelberger Cartoonistin Marie Marcks die anstehende Aufgabe mit dem Motto: »Beate Weber, Heidelbergs OberbürgermeisterIN« in fünf Szenen auf den Punkt gebracht.

Ihr Cartoon zeigte, wie eine Frau die natürlichen Hürden meistert und zu Wasser, zu Land und in der Luft vorhandene Begrenzungen überwindet, in Heidelberg ankommt, um auf der Spitze des Rathauses das Herz im politischen Zentrum zu sein.

Mit offen geführten Auseinandersetzungen leitet die »Weberin« nun das politische Klima in Heidelberg. Das Rathaus versteht sie durchaus als ein Forum, das Menschen offene Diskussion ermöglicht, um für die beste städtische Lösung zu ringen. Eine wichtige Rolle in diesem demokratischen Prozess spielen für sie nichtöffentliche Sitzungen, denn sie schaffen Raum, dass sich Kontrahenten in unbeobachteter Lage begegnen und sich auf rein sachlicher Ebene austauschen können. In solch einem Rahmen können Diskussionen entstehen, in denen Argumente abgewogen werden und zur Einigung führen können. Und selbst in Konfliktfällen, wenn es nicht zu einer gemeinsamen Lösung kommt, wenn ein Teilinteresse gegenüber dem Gesamtinteresse zurückstehen muss, dann ist es nicht die Oberbürgermeisterin allein, die entscheidet, sondern der gesamte Gemeinderat.

Erholung findet die im Riesengebirge geborene Wahlheidelbergerin zu Hause, in ihrer Wohnung. Durch den Zweiten Weltkrieg war sie als Kleinkind mit ihrer Mutter zur Tante an den Neckar gekommen. Nach der Rückkehr des Vaters aus dem Krieg waren sie in Heidelberg eine glückliche Familie gewesen, die dann nach Mühlheim, nach Essen und Dortmund zog. Zum Sprachstudium an der Universität und der Pädagogischen Hochschule kam Beate Weber wieder nach Heidelberg, das ihre Wahlheimat wurde.

Ein besonderer Lieblingsort ist ihr heute der Weg vom Köpfel hinunter ins Tal, an die Stelle, an der die Biegung vom Neckar so schön zu sehen ist, an der aber auch der Blick in die Weite da ist. »Den Blick in die Weite, den lieb ich besonders. Mein Vater ist Hamburger, meine Mutter ist Österreicherin – und da habe ich die beiden Teile so schön zusammen. Natur, Stadt und der weite Blick, von wo auch Neues herkommen kann.«

Literatur

Olympia Fulvia Morata

Rainer Kößling: Olympia Fulvia Morata: Briefe. Leipzig 1990.

Werner Moritz (Hg.): Olympia Fulvia Morata. Stationen ihres Lebens: Ferrara-Schweinfurt – Heidelberg. Heidelberg 1998.

Ursula Hess: Olympia Fulvia Morata (1526–1555) – Die poeta docta als Verwirklichung eines humanistischen Ideals. In: Gisela Brinker-Gabler (Hg.): Deutsche Literatur von Frauen. Bd. 1. München 1988, S. 138–148.

Rullmann, Marit: Philosophinnen. Von der Antike bis zur Aufklärung. Zürich, Dortmund ²1994, S. 153–162.

Elisabeth Charlotte / Liselotte von der Pfalz

Sigrun Paas (Hg.): Liselotte von der Pfalz. Madame am Hofe des Sonnenkönigs. Heidelberg 1996.

Dirk Van der Cruysse: »Madame sein ist ein ellendes Handwerck«. Liselotte von der Pfalz – eine deutsche Prinzessin am Hof des Sonnenkönigs«. München 1995.

Helmuth Kiesel (Hg.): Briefe der Liselotte von der Pfalz. Frankfurt 1981.

Dorothea Delph

B. Erdmannsdörffer: Kleine Beiträge zur Goethe-Biografie. Goethe in Heidelberg und die Familie Delph. In: Neue Heidelberger Jahrbücher, Bd. 6. Heidelberg 1896, S. 187–204.

Maximilian Huffschmid: Goethes Heidelberger Freundin Helene Dorothea Delph und ihre Angehörigen. In: Neues Archiv für die Geschichte der Stadt Heidelberg und der Kurpfalz, Bd. 11, Heidelberg 1924, S. 258–285.

Walter Donat: Die Geschichte der Heidelberger Apotheken. In: Neues Archiv für die Geschichte der Stadt Heidelberg, Bd. 10, Heidelberg 1913, S. 130–137.
Hans Christoph Schöll: Die Politica Delphin. In: Goethe und Heidelberg. Heidelberg 1949, S. 69–81.

Caroline Rudolphi

Otto Rüdiger: Caroline Rudolphi. Eine deutsche Dichterin und Erzieherin, Klopstocks Freundin. Hamburg, Leipzig 1903.
Angela Steidele: »Als wenn Du mein Geliebter wärest«. Liebe und Begehren zwischen Frauen in der deutschsprachigen Literatur 1750–1850. Stuttgart, Weimar 2003.
Elke Kleinau/Claudia Opitz (Hg.): Geschichte der Mädchen- und Frauenbildung. Bd.1 Vom Mittelalter bis zur Aufklärung. Frankfurt 1996.
Herbert Derwein: »Die Krone Heidelbergs«. Ein Erinnerungsblatt für Caroline Rudolphi. In: Heidelberger Fremdenblatt, 2/1957, S. 2–5.

Markgräfin Amalie von Baden

Annette Borchardt-Wenzel: Die Frauen am Badischen Hof. Gefährtinnen der Großherzöge zwischen Liebe, Pflicht und Intrigen. München 2003.
Susanne Asche, Barbara Guttmann, Olivia Hochstrasser, Lisa Sterr (Hg.): Karlsruher Frauen 1715–1945. Karlsruhe 1992.
Karl Heinz Frauenfeld: Rohrbach im Wandel der Zeit. Heidelberg o.J.
Otto Borst (Hg.): Frauen bei Hof. Stuttgarter Symposion Schriftenreihe Bd.6. Tübingen 1998.

Henriette Feuerbach

Hermann Uhde-Bernays (Hg.): Henriette Feuerbach. Ihr Leben in ihren Briefen. Berlin/Wien 1912.

Helene Wartensleben: Henriette Feuerbach, ihr äußeres und inneres Leben, Leipzig 1926.
Harald Neumann: Henriette Feuerbach. Stille und Größe einer Frau. Berlin 1997.

Anna Blum

Ilona Scheidle: ›Der Stadt zur Ehr‹: Anna Blum – erste Ehrenbürgerin von Heidelberg (1843–1917). In: Schriftenreihe des Stadtarchivs Heidelberg, Heft 6, Stadtarchiv Heidelberg (Hg.): Frauengestalten – Soziales Engagement in Heidelberg. Heidelberg 1995, S. 10–25.
Dies.: Vom landesmütterlichen Regiment zur bürgerlichen Massenorganisation: Der Badische Frauenverein – Zweigverein Heidelberg. In: Petra Nellen, Amt für Frauenfragen (Hg.): Die Vergangenheit ist die Schwester der Zukunft – 800 Jahre Frauenstadtgeschichte in Heidelberg. Heidelberg 1996, S. 240–253.
Dies.: »Weiß es der Fisch nicht, so weiß es der Herr«. Das Vermächtnis der Anna Blum, erster weiblicher »Ehrenbürger« Heidelbergs. In: Heidelberger Geschichtsverein (Hg.): Jahrbuch zur Geschichte der Stadt. Heidelberg 1997, S. 181–189.

Augusta Bender

Augusta Bender: Gesammelte Werke. Mit einem Nachwort von Georg Fischer. Buchen-Walldürn 1996.
Augusta Bender: Auf der Schattenseite des Lebens. Jugendgeschichte einer Autodidaktin. Baden-Baden 1914.

Camilla Jellinek

Klaus Kempter: Camilla Jellinek und die Frauenbewegung in Heidelberg. In: Bärbel Meurer (Hg.): Marianne Weber. Beiträge zu Werk und Person. Tübingen 2004, S. 111–127.
Camilla Jellinek (Hg.): Frauen unter deutschem Recht. Im Auftrage des Bund Deutscher Frauenvereine. Mannheim, Berlin, Leipzig 1928.

Marianne Weber

Marianne Weber: Ehefrau und Mutter in der Rechtsentwicklung. Eine Einführung. Tübingen 1907.

Marianne Weber: Max Weber. Ein Lebensbild. Tübingen 1926.

Marianne Weber: Lebenserinnerungen. Bremen 1948.

Bärbel Meurer (Hg.): Marianne Weber. Beiträge zu Werk und Person. Tübingen 2004.

Marie Baum

Heide-Marie Lauterer: »Weil ich von dem Einsatz meiner Kräfte die Überwindung der Schwierigkeiten erhoffe.« Marie Baum (1874–1964). In: Peter Blum (Hg.): Frauen*gestalten*. Schriftenreiche des Stadtarchivs Heidelberg Heft 6. Heidelberg 1995, S. 55–115.

Nachlassverzeichnis Dr. Marie Baum (1876–1964). Ein Leben in sozialer Verantwortung. Heid. Hs. 3675. Bearbeitet von Petra Schaffrodt. Heidelberg 2000.

Marie Baum: Drei Klassen von Lohnarbeiterinnen in Industrie und Handel der Stadt Karlsruhe. Karlsruhe 1906.

Marie Baum: Rückblick auf mein Leben. Heidelberg 1950.

Maria von Graimberg

Susanne Zeller: Maria von Graimberg. Vierzig Jahre Sozialarbeiterinnenausbildung in Heidelberg. Heidelberg 1989.

Maria von Graimberg: Fürsorgerinnenberuf als Gabe und Aufgabe. In: Soziale Grüße. Festschrift zum 50-jährigen Jubiläum der Sozialen Frauenschule Heidelberg. 1911–1961, Heidelberg 1962.

Leena Ruuskanen: Der Heidelberger Bergfriedhof. Kulturgeschichte und Grabkultur. Heidelberg 1992.

Rahel Straus

Rahel Straus: Wir lebten in Deutschland. Erinnerungen einer deutschen Jüdin 1880–1993, Hrsg. von Max Kreuzberger. Veröffentlichung des Leo-Baeck-Instituts, Stuttgart 1961.

Heidi Lauterer-Pirner/Margret Schepers-S.-W.: Studentin in Heidelberg. In: Auch eine Geschichte der Universität Heidelberg. Hg. von Karin Buselmeier, Dietrich Harth, Christian Jansen. Heidelberg 1985, S. 10–23.

Rahel Straus. In: Stadtmuseum Sachsenheim; Stadt- und Fachwerkmuseum »Alte Universität« Eppingen (Hg.): Schwäbinnen und Badenerinnen. Frauenleben in Baden und Württemberg 1750–2001. Eppingen 2001.

Louise Ebert

Friedrich Winterhager: Louise Ebert. (1873–1955). Von der niedersächsischen Häuslerkate zum Präsidentenpalais in Berlin. Sankt Augustin 1995.

Dieter Dowe/Forschungsinstitut der Friedrich-Ebert-Stiftung (Hg.): Friedrich Ebert 1871–1925. Vom Arbeiterführer zum Reichspräsidenten. Eine Ausstellung der Stiftung Reichspräsident Friedrich-Ebert-Gedenkstätte und der Friedrich-Ebert-Stiftung, Bonn. Gesprächskreis Geschichte Heft 9. Bonn 1995.

Friedrich Ebert und seine Familie. Persönliche Briefe 1909–1924, herausgegeben und eingeleitet von Walter Mühlhausen unter Mitarbeit von Bernd Braun. München 1992.

Emilie Meier

Susanne Klippel: Emilie Meier. Lieber sich gesund schimpfen als krank heulen. München 1977.

Stadt Heidelberg (Hg.): Erlebte Geschichte erzählt 1994–1997. Heidelberg 2000.

Michael Buselmeier: Literarische Führungen durch Heidelberg. Eine Kulturgeschichte im Gehen. Heidelberg 1991.

Hilde Domin

Michael Braun: Exil und Engagement. Untersuchungen zur Lyrik und Poetik Hilde Domins. Frankfurt a. M. 1993.

Hilde Domin: Von der Natur nicht vorgesehen. Autobiografisches. Frankfurt a. M. 1974.
Hilde Domin: Das Gedicht als Augenblick der Freiheit. Frankfurter Poetik-Vorlesungen. München 1988.
Hilde Domin/Clemens Greve (Hg.): Nachkrieg und Unfrieden. Gedichte als Index 1945–1995. Frankfurt a. M. 1995.

Beate Weber
Gespräch am 21. Juli 2006.
Frauen Aktiv in Baden-Württemberg. Frauen in der Kommunalpolitik in Baden-Württemberg. 4/2004.
Ina Hochreuther: Frauen im Parlament. Südwestdeutsche Abgeordnete seit 1919. Stuttgart 1992.

Dank

Allen, die das Zustandekommen der Arbeit unterstützten, will ich herzlich danken:

Frau Oberbürgermeisterin Beate Weber, die ein Gespräch – trotz vollem Terminkalender – ermöglichte.

Herrn Dr. Georg Fischer, der mich uneigennützig an seinen Forschungen zu Augusta Bender teilhaben ließ.

Frau Klippel und Herrn Dr. Bernd Braun (Reichspräsident Friedrich-Ebert-Gedenkstätte) für das rasche Kooperieren bei der Bildrecherche.

Inge Rehling für die Mühen der Korrektur.

Angelika Ludwig für die Begleitung im technischen Bereich.

Bärbel Schlosser, die besonderen Anteil am Schaffensprozess dieser Arbeit hatte, für ihre lebenspraktischen Anregungen.

Und meinen Kolleginnen von »Miss Marples Schwestern, Netzwerk zur Frauengeschichte vor Ort«, mit denen ich seit 1993 lokale Frauen- und Geschlechtergeschichte erforschte und vermittelte. Namentlich genannt seien: Claudia von Gélieu, Dr. Gabriele Wohlauf (Berlin), Gabriele Beckmann (Oldenburg) und Monika Scholz (Wiesbaden) – Ohne sie hätte die vorliegende Arbeit wohl andere Ecken und Kanten von Heidelbergerinnen, die Geschichte schrieben.

Über die Autorin

Ilona Scheidle, M.A., studierte in Heidelberg Mittlere und Neuere Geschichte, Kunstgeschichte und evangelische Theologie. Seit 1994 veranstaltet die Historikerin Stadtrundgänge zu aktuellen und frauen- und geschlechterhistorischen Themen. Die Mitarbeiterin von »Miss Marples Schwestern – Netzwerk zur Frauengeschichte vor Ort« eröffnet dabei neue Perspektiven auf »vertraute Orte«.

Ihre Forschungsergebnisse veröffentlichte die Autorin unter anderem in: »Frauen*gestalten*« (1995) und »800 Jahre Frauengeschichte in Heidelberg« (1996). Sie promoviert an der Universität Heidelberg zur Biografie der Großherzogin Luise von Baden (1838–1923). Heute lebt sie in Mannheim und ist als Dozentin in der Erwachsenenbildung tätig.

Kontakt: ilonascheidle@web.de und www.miss-marples.net

Bildnachweis

Universitätsbibliothek Heidelberg: S. 12
Kurpfälzisches Museum Heidelberg: S. 22, 62, 102
Ilona Scheidle, Mannheim: S. 28
Stadtarchiv Heidelberg: S. 38, 74, 92, 122, 132
Generallandesarchiv Karlsruhe: S. 52 (Signatur: J-Aa-A / 17)
Georg Fischer, Schefflenz: S. 84
Leo Baeck Institute, New York: S. 142 (Rahel Strauss seated and writing at desk; undated)
Reichspräsident Friedrich Ebert Gedenkstätte, Heidelberg: S. 114
Susanne Amatosero, Hamburg: S. 152
Amt für Öffentlichkeitsarbeit, Stadt Heidelberg: S. 174
Alexander Müller, Heidelberg: S. 160

Irma Hildebrandt

Frauen mit Elan

30 Porträts von Rosa Luxemburg bis Döris Dörrie

gebunden, 448 Seiten
ISBN-10: 3-7205-2650-x
ISBN-13: 978-3-7205-2650-0

Frauen mit Elan haben eines gemeinsam:
Sie gestalten ihre Welt eigenwillig und engagiert, mit Fantasie und Durchsetzungskraft – ob in der Politik, der Wirtschaft, der Sozialarbeit, der Kunst oder der Literatur.
Irma Hildebrandt zeichnet ein lebendiges Bild von den Streiterinnen für Frieden, berufliche Entfaltung und künstlerische Freiheit. Die Auswahl reicht von Rosa Luxemburg bis Lily Braun, von Ingeborg Drewitz bis Friederike Mayröcker und Doris Dörrie.

Diederichs